De tété Charles à Grand minoue
Noël 2002

2020 De mamoue @ Rémi. ♡

Mages et sorciers

SIC
OMNIA
ORATORIUM
FELIX CUI
A CONSILIIS
NE·LOQUA
RIS DE DEO
ABSQ·LU
MINE·
HOC HOC AGEN TIBUS
NOBIS ADERIT IPSE DEUS
DISCE BENE MORI
Saday Eloy Agla Tetragramate

Mages et sorciers

Du phénomène magique à l'explication scientifique

Candace Savage

Traduit de l'anglais par
Marie-Andrée Clermont

HURTUBISE
HMH

Données de catalogage avant publication (Canada)

Savage, Candace, 1949-

Mages et sorciers : du phénomène magique à l'explication scientifique

Traduction dé : Wizards
Comprend des réf. bibliogr. et un index

ISBN 2-89428-597-3

1. Newton, Isaac, 1642-1727. 2. Sciences et magie. 3. Occultisme et sciences. 4. Astronomie.
5. Astrologie. 6. Alchimie. I. Titre

BF1589.S2814 2002 133.4'3'09032 C2002-940798-2

Les Éditions Hurtubise HMH bénéficient du soutien financier des institutions suivantes pour leurs activités d'édition :

- Conseil des Arts du Canada
- Gouvernement du Canada par l'entremise du Programme d'aide au développement de l'industrie de l'édition (PADIÉ)
- Société de développement des entreprises culturelles su Québec (SODEC)
- Programme de crédit d'impôt pour l'édition de livres du gouvernement du Québec

Maquette de la couverture : Gabi Proctor / DesignGeist
Illustration de la couverture : Rene Bull
Maquette intérieure : Linda Biesenthal
Traduction : Marie-Andrée Clermont
Mise en page : Geai bleu graphique

Publié originellement par Greystone Books
a division of Douglas & McIntyre Ltd.
2323 Quebec Street, Suite 201, Vancouver (BC) V5T 4S7, Canada
sous le titre : *Wizards : An Amazing Journey through the Last Great Age of Magic*

ISBN : 2-89428-597-3

Dépôt légal : 3e trimestre 2002
Bibliothèque nationale du Québec
Bibliothèque nationale du Canada

Éditions Hurtubise HMH ltée
1815, avenue De Lorimier
Montréal (Québec) H2K 3W6
Tél. : (514) 523-1523

Imprimé à Hong Kong

www.hurtubisehmh.com

L'illustration des pages de garde date des années 1500 et 1600. On voit un homme (en bas à gauche) passer la tête à travers le firmament étoilé pour scruter les mystères de l'au-delà. Les sorciers étaient toujours à l'affût de connaissances occultes. La peinture à gauche de la page titre, qui date de 1825, montre un sorcier récitant des formules magiques tirées de son grimoire pour faire surgir un ange, ainsi que des démons sous forme animale.

Sommaire

Le garçon sorcier

Lorsque tu seras grand, de quoi auras-tu envie ?

De connaître la magie ? D'être maître en sorcellerie ?

Isaac Newton commença sa formation de sorcier à douze ans. Tout comme Harry Potter, il avait perdu ses parents pendant sa plus tendre enfance. (Son père était décédé, sa mère l'avait abandonné et il habitait chez des membres de sa parenté qu'il détestait.) Quelques mois avant son treizième anniversaire, en 1655, il fut envoyé loin de son patelin pour aller à l'école. Dès lors, sa chance commença à tourner. La King's Grammar School, dans le village anglais de Grantham, ne ressemblait en rien à Poudlard : on n'y enseignait ni la Divination ni la Défense contre les forces du Mal. Pas le moindre cours de mathématiques, non plus, dont Isaac se serait régalé. Rien d'autre que des heures et des heures de grec et de latin. Sa formation académique une fois terminée, cependant, sa vie commença à s'animer.

La famille qui hébergeait Isaac tenait une sorte de pharmacie, que l'on appelait boutique d'apothicaire. De l'extérieur, rien ne la distinguait des autres commerces qui bordaient la rue pavée : c'était un bâtiment étroit, en hauteur, percé de fenêtres miteuses et muni d'un écriteau grinçant. Mais à l'intérieur, cette maison aux trésors foisonnait de merveilles provenant des quatre coins du monde. Un mur était tapissé de tiroirs remplis d'herbes de couleur vert-de-gris – thym, sauge et camomille –, qui saturaient l'air de la senteur poussiéreuse de l'été. À côté, des bocaux d'épices venues de l'Orient lointain exhalaient des parfums exotiques de cannelle et de clou de girofle. Un peu plus loin s'alignaient des boîtes de bois

Personne ne s'est donné la peine de peindre le portrait d'Isaac Newton, enfant. Des années plus tard, lorsqu'il fut devenu célèbre, quelqu'un tenta d'imaginer à quoi il devait ressembler dans sa jeunesse.

Page de gauche : Cette image des années 1500 représente une boutique d'apothicaire. Voyez l'apothicaire qui pulvérise et mélange de mystérieux ingrédients. À droite, des hommes s'amènent en coup de vent pour acheter une potion.

Le langage magique

L'apprentissage du grec et du latin anciens constituait la première étape de l'éducation d'un sorcier. Dans les années 1600, il y avait déjà deux ou trois mille ans que la magie se pratiquait. Au fil des siècles, les sorciers les plus en vue avaient consigné, en grec et en latin, leurs réflexions et leurs observations dans des livres que l'on appelait « grimoires ». Devenu adulte, Isaac Newton réussit à en rassembler un grand nombre, dont *La Philosophie occulte* et *Le Livre des douze portes*.

Isaac Newton (qui devint plus tard Sir Isaac Newton) vécut de 1642 à 1727. Bien qu'il ait consacré la majeure partie de sa vie à l'étude de la magie, il est davantage connu comme un grand génie de la science et des mathématiques. On le voit ici en train d'étudier la nature de la lumière à l'aide d'un prisme.

contenant des dents de loup, du gras d'ours et des ailes de chauves-souris, ainsi que des carcasses racornies de serpents.

Isaac et la famille de l'apothicaire vivaient dans un logement aménagé au-dessus de la boutique. Le soir, Isaac s'endormait au milieu d'un insolite salmigondis d'odeurs – menthe, soufre et tritons séchés – qui traversaient les lattes du plancher. Le jour, les yeux écarquillés de curiosité, il s'accroupissait derrière le long comptoir de bois de la boutique et regardait l'apothicaire, M. Clark, mesurer les ingrédients pour concocter ses remèdes magiques. Le garçon consignait ensuite les recettes dans son calepin. « Pour traiter les coupures, prendre une pincée de menthe, une pincée d'armoise (une herbe amère) et 300 mille-pattes séchés et décapités. Écraser le tout dans un mortier et jeter la poudre qui en résulte dans quatre gallons de bière en fermentation. Boire une portion de ce liquide deux ou trois fois par jour, jusqu'à guérison des blessures. »

Isaac était le genre d'enfant qui aimait comprendre le fonctionnement des choses. Lorsqu'un moulin à vent fut aménagé dans le district, il en construisit un modèle réduit qui fonctionnait véritablement. (Les jours où il ne ventait pas, il actionnait son moulin en mettant une souris sur une roue d'exercice.) Fasciné par la course quotidienne du soleil, il fabriqua un ensemble de cadrans solaires qu'il disposa çà et là dans le logement exigu des Clark – dans sa chambre, dans la cuisine, dans le hall d'entrée, partout où pénétraient les rayons du soleil. Il enfonça même des chevilles de bois dans les murs pour chronométrer le mouvement de la lumière autour des pièces. En voyant la lumière et les ombres tourbillonner sur les murs, il imaginait le lent mouvement du Soleil et des planètes à travers le firmament. Isaac pressentait qu'un ordre occulte régissait l'Univers, et il bouillait du désir de le comprendre.

Le jeune homme écoutait sûrement avec attention chaque fois que M. Clark évoquait les forces occultes qu'il utilisait dans ses charmes et ses potions. Ainsi, un morceau de corail pouvait ne ressembler à rien d'autre

L'huile de chien rouge

Aux XVIe et XVIIe siècles, on prescrivait un remède appelé *huile de chien rouge* aux gens qui avaient les bras chétifs ou malformés. La recette exigeait le corps d'un chien à poil roux, de 80 à 100 scorpions, un gros bol rempli de vers de terre, une poignée de feuilles d'une plante appelée millepertuis, ainsi que plusieurs autres herbes ou épices. On plaçait le tout dans une bouilloire remplie de bière et on laissait mijoter jusqu'à mélange parfait de tous les jus. La mixture était alors passée au tamis et appliquée aux membres affaiblis. Selon un apothicaire, cette potion possédait « des vertus infinies ».

Tandis que bouillonne sa potion sur le feu en répandant sa vapeur, un apothicaire y ajoute la touche finale magique : un scorpion séché. À l'occasion, les apothicaires utilisaient aussi une mousse spéciale qui ne poussait que sur les crânes humains, comme celui que l'on aperçoit dans le coin inférieur gauche de l'illustration.

qu'à un vulgaire caillou orangé, mais il avait le pouvoir d'arrêter les hémorragies. Une pincée de graines de cumin – de simples graines brunes et zébrées – pouvait être glissée dans une potion pour faire tomber les gens amoureux. Une cuillerée d'émeraudes broyées (aussi claires qu'un œil pétillant) avait le pouvoir d'améliorer la vision. Ces vertus thérapeutiques étaient mystérieuses, disait M. Clark, mais elles étaient aussi étonnamment ordinaires. La magie faisait partie de la nature, comme le Soleil et les étoiles. Depuis des siècles, les êtres humains utilisaient les vertus cachées dans les pierres, les graines et divers objets de tous les jours pour provoquer l'amour, soigner les maladies et résoudre d'autres problèmes.

Au XVIIe siècle, le pouvoir de la magie était plus puissant que jamais, et tous les habitants de Grantham – jeunes et vieux, riches et pauvres – faisaient confiance à M. Clark et à son art de guérisseur. Mais quelles étaient, au juste, les forces magiques qui rendaient ses remèdes efficaces ? S'agissait-il d'esprits, ou de rayons invisibles d'un type particulier ? Des substances différentes produisaient-elles leur magie de la même manière, ou agissaient-elles différemment les unes des autres ? Qu'y avait-il donc dans le cumin, l'émeraude ou les mille-pattes pour leur donner ces pouvoirs spéciaux ? Pourquoi Dieu avait-Il caché ces forces dans la nature ? Souhaitait-Il nous voir les découvrir et les utiliser pour rendre notre vie meilleure ? Quelqu'un trouverait-il, un jour, la clef qui percerait tous les secrets de l'univers ?

Il ne servait à rien de poser ces questions à M. Clark, humble apothicaire qui n'avait rien d'un philosophe. Bien qu'il pût concocter une potion pour soigner maux et douleurs, il ne possédait pas une

La magie : un art royal

Au XVIe et au XVIIe siècles, les arts magiques faisaient partie de la vie quotidienne sans qu'on se pose de questions, et ce, pas seulement à Grantham, mais partout en Europe. Des mendiants les plus pauvres jusqu'aux monarques les plus célèbres, tous croyaient aux pouvoirs des magiciens pour traiter les maladies, prédire l'avenir et réaliser d'autres actions bénéfiques. Ainsi, Henri VIII, roi d'Angleterre de 1509 à 1547, était-il un apothicaire chevronné, qui passait ses temps libres à mélanger des baumes et des potions. Sa fille, la reine Élisabeth Ière, qui occupa le trône de 1558 à 1603, possédait un anneau magique qu'elle portait pour se protéger contre les empoisonnements. Et Charles Ier, celui qui régnait à la naissance d'Isaac, croyait pouvoir guérir l'épilepsie et les dermatoses en effleurant simplement les malades de ses doigts. Des milliers de gens s'amassaient d'ailleurs autour du roi pour bénéficier de son toucher magique.

Res
RAPHAEL
Tarmal XI
Rael

connaissance approfondie des plans secrets de Dieu. Pour satisfaire sa curiosité, Isaac devrait trouver lui-même les réponses. Et il ne pouvait certainement pas compter, pour y arriver, sur l'aide de sa propre famille, composée de gens pratico-pratiques au visage austère, qui n'avaient aucune patience pour les questions qu'Isaac ne cessait de se poser, ni pour les rêves qu'il caressait. « Il faut finir l'école au plus vite, lui disaient-ils, puis revenir à la maison et t'efforcer de faire quelque chose d'utile. » Isaac allait devenir fermier, et qu'est-ce qu'un fermier pouvait bien avoir besoin de savoir sur les forces cachées et les univers secrets ?

Cependant, Isaac était subjugué par les mystères qu'il avait perçus dans la boutique de M. Clark. Lorsque sa parenté le retira de l'école en 1659, c'est avec réticence qu'il consentit à apprendre les rudiments de l'agriculture. Mais il ne mettait pas de cœur à l'ouvrage et saisissait toutes les occasions de revenir à Grantham, se faufiler dans la boutique de l'apothicaire et replonger dans les vieux bouquins à reliure de cuir de M. Clark. On peut facilement imaginer la réponse qu'il aurait donnée si on avait pris la peine de le questionner sur ses ambitions. « Une fois devenu adulte, aurait-il dit, j'étudierai les pouvoirs invisibles qui sont à l'œuvre dans l'univers, et je deviendrai un grand sorcier. »

Page de gauche : Les ennemis de John Dee accusaient celui-ci d'être un magicien maléfique et d'utiliser ses pouvoirs pour réveiller les morts. On le voit ici, dans un cimetière, en compagnie de son ami Edward Kelley, en train de faire surgir
un fantôme. Il n'existe cependant aucune preuve qu'ils aient vraiment tenté cette expérience.

Le mage anglais John Dee croyait pouvoir communiquer avec des anges qui apparaissaient dans les miroirs et les boules de cristal. Il était aussi expert en géographie et en navigation.

Le mage anglais

Un grand sorcier – quelqu'un qui possédait une connaissance approfondie de l'univers occulte – était souvent appelé « mage ». Et l'un des plus grands mages de tous les temps fut un Anglais nommé John Dee, qui vécut de 1527 à 1608. Homme brillant, excellant dans une foule de domaines – géographie, cartographie, navigation, mathématiques, découverte de trésors cachés, astrologie et langage des anges –, il disait aussi la bonne aventure et s'y connaissait en lentilles optiques. Vers la fin de sa vie, il consacra jusqu'à son dernier centime à la recherche de la pierre philosophale (dont nous reparlerons plus loin). Même s'il mourut quelque vingt-cinq ans avant la naissance d'Isaac Newton, les gens de l'époque se souvenaient de lui comme d'un magicien et d'un grand érudit.

Les forces du Mal

Brûlure de feu et bulle de chaudron,

Autant d'ennuis que causent les démons.

La décision de devenir sorcier, première étape de son choix de carrière, fut importante pour Isaac. Mais à quelle sorte de magie, au juste, le sorcier en herbe souhaitait-il se consacrer ? S'en tiendrait-il à la magie curative, comme son ami M. Clark ? Ou serait-il tenté de devenir un adepte des forces du Mal ?

Cette créature d'apparence lugubre est un démon, un esprit malin qui, disait-on, parcourait le monde en provoquant douleur et tourments (même envers lui-même).

Les forces du Mal constituaient le domaine du diable. Aujourd'hui, la notion de « diable », si tant est que l'on y pense, évoque un bonhomme cornu muni d'une queue pointue et vêtu d'une combinaison de sport rouge. Mais au XVIIe siècle, le diable rôdait dans tous les coins obscurs, force maléfique qui s'arrangeait pour que les choses tournent mal. Lorsqu'un bébé mourait (et les décès étaient nombreux), c'était sa faute ! Une famine qui sévissait (phénomène courant), une averse de grêle qui dévastait les jardins, une vache qui tombait malade au point de ne plus tenir sur ses pattes, voilà autant d'indices que le diable était à l'œuvre.

Pour l'aider dans ses œuvres maléfiques, le diable pouvait compter sur une multitude d'esprits malins, ou démons. (En 1462, un expert dénombra dans le monde 126 792 esprits malins, très exactement.) Il y avait les démons de l'air, de la terre et de l'eau ; certains étaient grands, d'autres petits ; ils apparaissaient sous diverses formes : corbeaux, chats, ours, lièvres, abeilles et chiens. Une femme affirma en avoir

Page de gauche : Dans la lueur fantomatique de la pleine lune, deux sorciers ont pénétré dans la forêt et y ont fait surgir un démon (l'entité d'apparence sinistre, à droite), en récitant des paroles magiques tirées de leur grimoire.

rencontré un qui ressemblait à un gentilhomme tout de noir vêtu, mais avec des pattes de vache. Une autre se plaignit d'être tombée grièvement malade après avoir avalé un démon caché sous une feuille de laitue dans sa salade.

Même si les démons pouvaient paraître comiques, ils n'étaient guère plaisants à fréquenter. D'abord, ils pouvaient vous inspirer des rêves terribles, ou carrément vous rendre fou. Au XVIIe siècle, on croyait que les personnes souffrant de maladie mentale étaient envahies,

Le soin des animaux magiques

Au début des années 1600, dans un cottage isolé près de Newmarket, dans l'est de l'Angleterre, vivait une vieille femme. Elle avait pour seul compagnon un crapaud familier qui restait sous sa commode. Lorsque la femme produisait un gloussement spécial, le crapaud bondissait hors de sa cachette et venait boire du lait dans une soucoupe. La femme croyait que son crapaud était un démon, ou un « esprit familier », qui lui donnait le pouvoir de pratiquer la magie.

Dans les années 1500, toute vieille femme ayant un animal favori pouvait être prise (à tort) pour une sorcière entretenant des rapports avec des démons, ou « esprits familiers ».

À droite : Ne vous laissez pas leurrer par l'air mignon de ce démon : il est sans doute en train de fomenter quelque complot pour harasser le monde.

ou « possédées », par les esprits malins. Pire encore, les démons pouvaient vous convaincre de renier Dieu et de participer à l'œuvre du diable. Car celui-ci, malgré les milliers de démons à son service, cherchait toujours de nouvelles recrues. Et il était prêt à faire une offre alléchante à quiconque acceptait de se joindre à lui. Si quelqu'un promettait d'aider à provoquer douleur et souffrance, le diable, en retour, l'investissait d'un pouvoir qui le rendait apte à exercer la magie noire.

Un prêtre (à gauche) utilise le pain et le vin consacrés pour chasser un démon hors d'une femme malade. Un homme (à droite) la maintient pour qu'elle puisse se faire aider. L'illustration date de 1598.

Dans les années 1600, parmi les magiciens voués aux forces du Mal, il y avait les sorcières (en anglais *witches*) et les sorciers (en anglais *sorcerers*). Il y avait une différence entre les deux concepts. On s'accordait pour dire que les sorcières étaient de vieilles femmes courbées, toutes ratatinées, qui avaient des rides, des verrues, des lèvres poilues et une voix stridente.

À gauche : Deux sorcières jettent un coq et un serpent dans leur chaudron pour concocter un maléfice. Résultat : le firmament est assombri par une averse de grêle, qui anéantira les jardins et détruira les récoltes.

Page de droite : En 1498, lorsque cette illustration fut dessinée, on croyait que les sorcières avaient le pouvoir de se métamorphoser en animaux. Les trois sorcières que l'on voit ici se sont partiellement transformées en un âne, un oiseau et une brebis, avant de se propulser dans la nuit sur leurs bâtons volants.

Page de droite, à l'arrière-plan : Si l'on se croyait victime d'un sortilège, il existait une façon toute simple de le conjurer : il suffisait de serrer le poing en enfouissant le pouce sous l'index, et on était délivré.

Toujours en colère, elles se complaisaient à maugréer et proférer des malédictions. Mais elles n'étaient pas seulement de vieilles mégères irascibles : selon la rumeur populaire, elles étaient également les servantes du diable, et leurs paroles fielleuses avaient le pouvoir terrifiant de créer des ennuis. Chacun avait sa petite anecdote à raconter. La fois, par exemple, où Mémère Tartempion avait crié : « J'espère que ton cheval va tomber mort ! » (simplement parce que quelqu'un avait refusé de la faire monter dans sa calèche pour la conduire en ville), et que, dès le lendemain, ledit cheval avait été trouvé gisant dans le pré, froid et tout raide. La sorcière terrorisait les gens avec ses malédictions, car on disait qu'elle avait conclu un marché, « un pacte », avec le diable. En fait, tous ses pouvoirs magiques – comme sa capacité de se transformer en animal ou de voler sur un balai dans la nuit – provenaient de ce même pacte redoutable. La sorcière était une praticienne des forces du Mal.

L'autre magicien voué aux forces du Mal était le sorcier, et l'on retrouvait surtout des hommes dans cette catégorie. Le sorcier exerçait habituellement un métier respectable pendant la journée, tailleur ou commerçant, par exemple. Fait étonnant, il était même souvent ecclésiastique. Cependant, sous le couvert de la noirceur, il troquait sa tenue respectable pour la longue robe flottante du magicien. Puis, chargé de sacs contenant son attirail, il jetait un regard nerveux à gauche, puis à droite, et s'éloignait de la ville sur la pointe des pieds, longeant les maisons endormies, pour pénétrer dans le

Les bouteilles de sorcières

On soupçonnait les sorcières de provoquer des maladies. Pour en guérir, on préparait souvent une « bouteille de sorcière » : une cruche en poterie au ventre arrondi remplie de l'urine du patient et d'autres éléments de choix : épingles ou fils qu'on liait de nœuds. Cette décoction était placée sur le poêle de la cuisine où, pendant des heures, on la laissait mijoter et répandre sa vapeur. On espérait que, lorsque la sorcière responsable de la maladie sentirait la chaleur du feu et la piqûre de l'épingle, et que des crampes lui noueraient l'estomac, elle romprait alors le sort qu'elle avait jeté. Toute amélioration dans l'état d'un malade était tenue pour preuve que la bouteille avait joué son rôle.

recoin le plus secret de la forêt. Il sortait alors son lourd grimoire, tournait la clef dans la serrure et commençait à suivre le mode d'emploi pour faire surgir des démons. (Les filles et les femmes n'ayant pas le droit d'aller à l'école, elles n'apprenaient pas à lire et n'étaient donc guère tentées de s'adonner à ce type de sorcellerie.)

Le grimoire secret du sorcier était couvert de directives compliquées pour ce qu'on appelait des « expériences ». Comme on peut s'y attendre d'un livre de magie noire, un grand nombre de ces projets étaient pernicieux. Pour faire souffrir quelqu'un, par exemple, un sorcier du XVe siècle préconisait de fabriquer, avec de la cire à chandelle, une vilaine poupée, sur laquelle on écrivait le nom de la personne, et que l'on transperçait d'épingles. Un autre passage décrit une méthode pour provoquer une bataille entre deux amis : il s'agit d'ensorceler deux cailloux, en les cognant l'un contre l'autre et en les remplissant de démons grincheux.

Une chasse au trésor qui tourne mal

En janvier 1510, quatre sorciers anglais pénétrèrent dans la forêt pour faire surgir des esprits malins qui devaient les mener à un trésor enfoui. Sauf qu'ils se perdirent dans la brume et ne retrouvèrent qu'à grand-peine le chemin pour rentrer chez eux ! Lorsque la nouvelle de leur mésaventure s'ébruita, ils furent tous arrêtés. La pratique de la magie noire était illégale et pouvait entraîner une peine d'emprisonnement, voire la mort.

À droite : Aux XVIe et XVIIe siècles, en Europe de l'Ouest, plus de 50 000 personnes ont été pendues ou brûlées comme sorcières. La plupart des condamnations touchaient des femmes, comme les trois que l'on voit ici se balancer au bout d'une corde (en 1589).

Page de gauche : Dans l'ombre lugubre de la mi-nuit, un sorcier du nom d'Alcandre a tracé son cercle magique et gravé dans la terre des symboles mystiques. Nous le voyons ici réciter des formules magiques pour faire surgir des démons des ténèbres. Cette illustration remonte à 1626.

Mésaventure nocturne

Il était parfois recommandé aux magiciens de garder dans leurs poches des graines de fougère. Or, pour être efficaces, celles-ci devaient être cueillies pendant la nuit du solstice d'été, soit le 21 juin. Un homme qui était sorti afin d'en faire provision raconta avoir été attaqué par des esprits. Ceux-ci avaient foncé sur son chapeau et fait tomber toutes les graines qu'il avait soigneusement enveloppées dans des sachets.

Mais les sorciers n'avaient pas toujours le cœur noir. Lorsqu'ils étaient d'humeur plus espiègle, ils utilisaient leurs pouvoirs pour créer de l'émerveillement dans le monde. Si les grimoires anciens ne mentent pas, un sorcier compétent pouvait faire apparaître un château, entouré d'une douve profonde et gardé par une armée de chevaliers en armure (scène qui, hélas! replongerait dans le néant au bout de trois ou quatre heures). Ou alors il était capable de faire surgir un banquet composé de milliers de plats différents, que chacun des convives trouverait délicieux. Les grimoires donnaient aussi le mode d'emploi pour faire jaillir du néant des chevaux fantômes, des vaisseaux magiques et des trônes volants.

Il y avait même moyen de se rendre soi-même invisible. Pour obtenir une cape d'invisibilité, par exemple, le sorcier devait suivre les instructions suivantes : attendre un mercredi soir, par temps clair, pendant la phase décroissante de la Lune – aucun autre moment ne serait propice. À une heure du matin, se glisser dans la forêt en catimini, vêtu d'une robe blanche, muni d'une provision d'encens et d'une épée magnifique. Trouver un morceau de terrain bien plat et y dessiner un cercle sur le sol à la pointe de l'épée. Autour de ce cercle, écrire le nom de quatre démons spécifiques : Firiel (à l'ouest), Mélémil (au sud), Bérith (à l'est) et Taraor (au nord). Une fois cela fait, placer l'épée sur le nom de Firiel. Marcher alors autour du cercle, en commençant par l'ouest, le pot d'encens à la main. Puis, s'agenouiller, face à l'est, et crier d'une voix forte : «Je, Untel (son nom), vous conjure, Ô Firiel, Mélémil, Bérith et Taraor, esprits illustres, puissants et magnifiques, d'apparaître tous les quatre devant moi avec la plus grande humilité, tenus, contraints et engagés par serment à exécuter mes ordres, quoi que je vous demande. Venez sans délai. » Il devait répéter cette formule trois autres fois, face au sud, face à l'ouest et face au nord, une fois pour chaque démon.

Sitôt cette cérémonie complétée – en tout cas si on se fie au grimoire –, les démons apparaissaient à l'intérieur du cercle magique. Le sorcier devait alors leur indiquer quelle tâche ils devaient accomplir : « Je souhaite une cape d'invisibilité, qui devrait être mince et incorruptible, de sorte que lorsque je la revêtirai personne ne puisse me voir ou sentir ma présence. » Immédiatement, l'un des esprits quittait la scène et revenait avec la cape. C'était, semble-t-il, aussi simple que cela !

La magie noire exerçait un attrait évident. En consentant à coopérer avec le diable, un sorcier recevait le pouvoir de contrôler des forces considérables et d'accomplir des merveilles. Or, ce faisant, il rejoignait le camp des forces maléfiques – souffrance, folie et mort. Certaines personnes étaient prêtes à consentir à ce marché, mais jamais le jeune Isaac Newton n'aurait accepté d'être des leurs. Oui, bien sûr, une cape d'invisibilité lui aurait été d'un précieux secours lors de ses escapades loin de la ferme, mais le prix à payer moralement était inconcevable. Jamais il ne se serait laissé séduire par le camp du diable. Son esprit embrasé s'émerveillait des pouvoirs occultes qu'il avait entrevus dans la boutique de M. Clark, mais c'était Dieu qui avait caché ces secrets dans le monde naturel.

Image du haut : Le chapeau pointu des sorcières de l'Halloween est emprunté au costume que portaient les femmes de la campagne dans les années 1500 et 1600.

Image du bas : Même si la plupart des sorciers étaient des hommes, la femme que l'on voit ici a appris à lire et a orienté ses talents vers ce type de sorcellerie.

La magie naturelle

Chaque fois que vous vous sentirez malade,

Croquez des insectes séchés en salade.

La magie noire était l'art d'accomplir des prodiges avec l'aide des démons. La magie naturelle – celle que pratiquait M. Clark – était l'art de faire des miracles en utilisant les pouvoirs cachés des choses ordinaires. Même les objets quotidiens les plus communs – une pochetée de pierres colorées, un bol de fleurs séchées, un morceau de cire d'oreille humaine – pouvaient avoir des capacités insoupçonnées. L'apothicaire, qui exerçait la magie naturelle, utilisait ces « vertus » (ou forces) pour soulager l'inconfort et traiter la maladie. Supposons, par exemple, qu'une jeune fille se soit présentée chez M. Clark, souffrant d'une rage de dents. Elle aurait pu aller chez le maréchal-ferrant pour se faire arracher la dent douloureuse ; mais elle frémissait à l'idée de ses grosses pinces noires. L'apothicaire ne pouvait-il pas l'aider ? M. Clark faisait alors de son mieux pour lui porter assistance. Peut-être lui prescrivait-il un charme – un poème ou une incantation magique – que la jeune fille devrait se réciter à elle-même. Ou peut-être le griffonnait-il sur un bout de papier, avec lequel il formait un pendentif ou une amulette qu'elle devait porter autour du cou. Dans les deux cas, les paroles magiques étaient censées libérer une force invisible qui soulagerait sa douleur.

Quelque part dans les années 1500 ou 1600, un apothicaire et ses deux aides préparent des remèdes. La femme à droite classe et assèche les herbes médicinales, tandis que les autres fabriquent des potions.

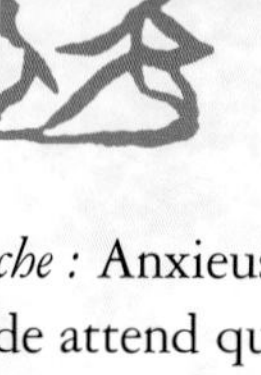

Page de gauche : Anxieuse, une jeune malade attend que le sorcier ait diagnostiqué sa maladie. Celui-ci examine une fiole contenant son urine, à l'affût d'indices.

Voilà qui s'appelle un mal de ventre diabolique ! Si l'on soupçonnait qu'une maladie était causée par des démons, l'apothicaire prescrivait des charmes et des herbes qui chassaient les esprits maléfiques.

Si le charme n'agissait pas, l'apothicaire pouvait recourir aux herbes ou aux plantes curatives. Comme personne n'avait jamais entendu parler de microbes, on attribuait les maux de dents à des vers logés dans la gencive. En théorie, ces vers dentaires avaient horreur de certaines substances, dont la feuille de houx, la graine d'oignon et la sauge. Fort de cette précieuse information, l'apothicaire jetait une poignée de feuilles et de graines choisies dans une chaudronnée d'eau. La mixture arrivée à ébullition, il la versait dans un bol et la patiente s'asseyait au-dessus de la vapeur, la bouche grande ouverte. Les vers étaient tellement choqués par ce traitement qu'ils sautaient hors de sa bouche, emportant avec eux son mal de dents.

Les apothicaires utilisaient des douzaines de plantes, dont chacune avait ses propres pouvoirs secrets. La pomme de terre et la muscade, par exemple, étaient étonnamment utiles dans le traitement des maux et des douleurs. On les ingurgitait, si on voulait, mais le simple fait de les avoir dans sa poche rendait le traitement efficace. Tant la pomme de terre que la muscade produisaient apparemment des rayons magiques, qui contribuaient à éloigner l'inconfort. Cette notion que les herbes agissaient en chassant la maladie, ou en attirant la santé, était connue sous le nom de « théorie des sympathies et des antipathies » (ou attraits et répulsions). Telles plantes détestaient simplement telles maladies, et ce de façon naturelle.

Seule l'expérimentation permettait de découvrir les pouvoirs secrets de certaines plantes. Comment deviner qu'une tasse de thé à la menthe ou une poignée de feuilles de persil aideraient à calmer un estomac malade ?

Les gens n'avaient guère de respect pour les médecins au XVIe et au XVIIe siècles. Cette caricature montre un gros docteur à l'air abruti, chaussé de souliers grotesques et portant une fiole de forme ridicule. Un assistant bedonnant marche dans son sillage.

Docteur sangsue

Il y avait des médecins formés à l'université, dans les années 1600, mais seuls les riches avaient les moyens de les consulter. Cela ne représentait pas un problème aussi grave qu'on pourrait l'imaginer, étant donné que la médecine d'alors n'était guère raffinée. Peu importe la maladie, il est à parier que les médecins auraient prescrit l'un des trois traitements suivants : entailler le patient pour soutirer le sang malade, lui appliquer des sangsues pour que celles-ci sucent la maladie hors de son organisme, ou encore le faire vomir. Devant ces choix, bien des gens préféraient s'adresser à l'apothicaire, ou à un « charmeur » local qui pratiquait la magie naturelle.

De toutes les plantes utilisées dans la fabrication des potions curatives, l'une des plus étonnantes est la mandragore. Parce que ses racines ressemblent à une paire de jambes humaines, les gens s'imaginaient que la mandragore était dotée d'un esprit. Selon la légende, si on la dérangeait, elle poussait des cris si terrifiants que quiconque les entendait mourait sur-le-champ. Par contre, les chiens n'étant pas affectés par ses hurlements aigus, on pouvait les utiliser pour déterrer les précieuses racines.

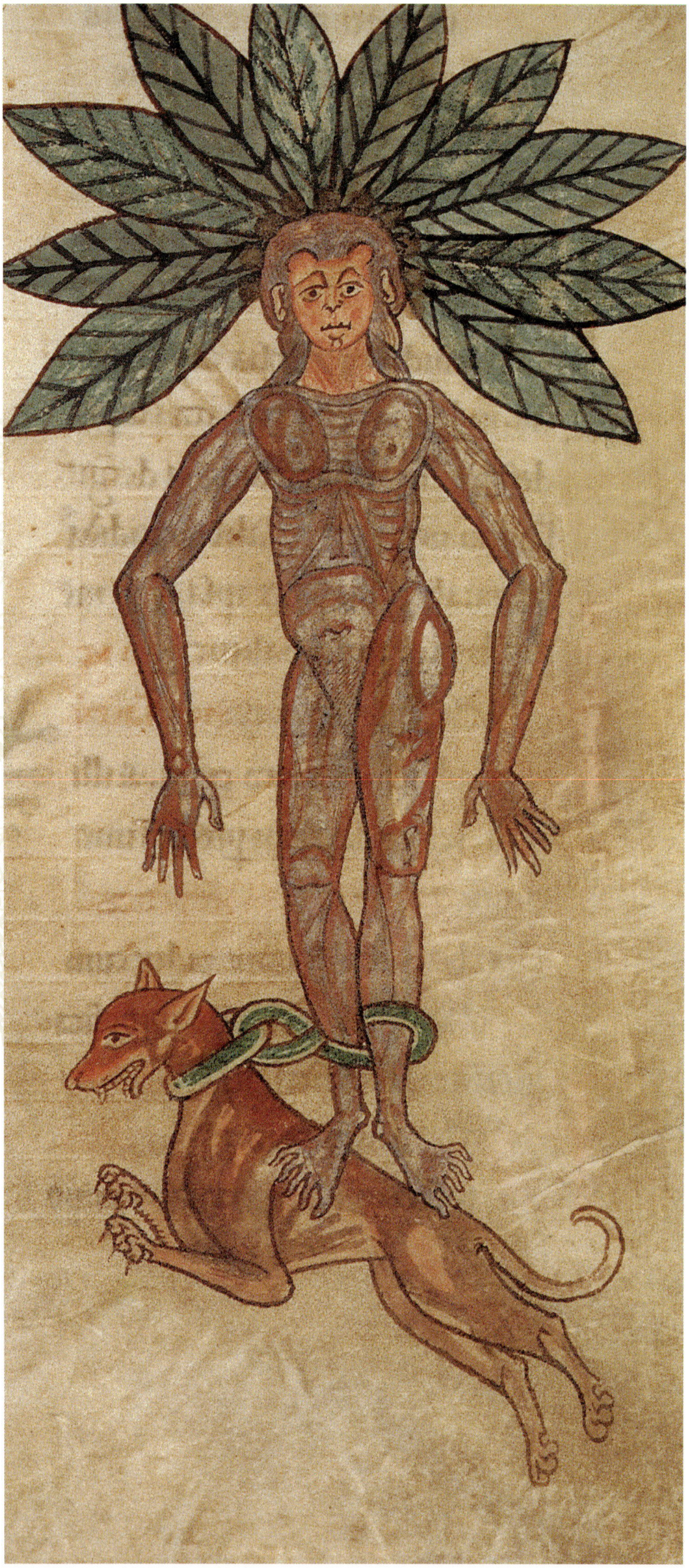

D'autre part, un examen attentif permettait souvent de deviner à quel usage une plante était destinée. La feuille de rose était marquée d'un réseau de fines veinules rouges, rouge sang. On en déduisait alors que le rosier pouvait servir à traiter les troubles du sang et du système circulatoire. Par ailleurs, la noix ressemblait à une minuscule cervelle ridée à l'intérieur d'un crâne osseux, preuve incontestable que Dieu l'avait créée pour guérir les migraines et les maladies du cerveau. Telle plante avait une sève laiteuse ? Eh bien, elle aiderait une nouvelle maman à produire du lait ! Et celle-ci, aux tiges robustes et fibreuses, favoriserait la consolidation des os. Et ainsi de suite. On appelait cette théorie « la doctrine des signatures ».

Les plantes magiques n'étaient pas les seuls ingrédients que les apothicaires comme M. Clark conservaient dans leurs rayons. Ils emmagasinaient aussi diverses parties de toutes sortes d'animaux : œufs de fourmi, dents de sanglier, yeux de crabe, sabots d'âne, vers broyés, arêtes de poisson, crottin de chèvre, serpents séchés, vipères en gelée et scorpions mijotés à

Pour chasser la déprime

Au XVIIe siècle, on utilisait une plante appelée « millepertuis » dans les potions et les charmes pour protéger les gens contre les esprits malins. Aujourd'hui, on a la preuve scientifique que cette même herbe aide les patients souffrant de dépression. On peut l'acheter dans la plupart des pharmacies et magasins d'aliments naturels.

Le pouvoir des fleurs

Les sorciers fabriquaient des potions à base de digitale pourprée pour traiter les tuberculeux. Ils disaient que cette plante possédait une vertu mystérieuse qui lui donnait le pouvoir de chasser la maladie. Nous savons maintenant que la digitale pourprée contient de la digitaline, puissante substance chimique encore employée dans le traitement de troubles cardiaques.

Ci-dessus : On affirmait à l'époque que les mandragores avaient un sexe mâle ou femelle.

À gauche : Selon la doctrine des signatures, les plantes avaient été créées dans des buts spécifiques, « inscrits » dans leur apparence même. On voit ici des plantes pour soigner la langue et l'estomac.

Ci-dessus : Selon la croyance populaire dans les années 1600, le monde naturel était rempli de magie et de médicaments. Ici, un apothicaire brasse un remède, entouré des merveilles de la nature.

À gauche : Un homme prélève une pierre magique de la tête d'un crapaud, qu'il utilisera pour fabriquer un remède.

l'huile. Ici encore, à chaque préparation étaient attribués des pouvoirs magiques spécifiques. Par exemple, on attrapait des grenouilles et on les tuait ; on les coupait ensuite en morceaux et on les faisait sécher ; puis on les réduisait en une poudre pour traiter les saignements de nez. On avait toujours à la portée de la main deux types de mille-pattes : l'un était gros et bleu-noir ; l'autre, brun, aplati et muni d'une vilaine queue fourchue. Ces bestioles étaient tantôt réduites en poudre, tantôt cuites en sirop ou en confiture. Mais on les donnait aussi à manger – bien en vie et toutes grouillantes – à des asthmatiques : cinquante mille-pattes par dose, et quatre doses en vingt-quatre heures. Rien ne valait une bonne cuillerée d'insectes pour vous permettre de respirer tranquille !

L'apothicaire rangeait ses trésors les plus précieux sous son comptoir ou sur sa plus haute tablette. Si un client lui glissait en douce un peu d'argent, il sortait de sa cachette les précieux sachets d'émeraudes, de perles et d'or. Les émeraudes étaient censées aider au bon fonctionnement du foie et des yeux, les perles servaient d'antidotes en cas d'empoisonnement, et l'or était un remède universel, qui tirait ses vertus curatives du Soleil. On pouvait bénéficier du pouvoir guérisseur de ces pierres précieuses en les portant autour du cou, comme des charmes. Mais leur action paraissait plus efficace si on les avalait. Les pierres précieuses étaient donc souvent broyées, mêlées à toutes sortes d'ingrédients, transformées en pilules ou en potions, et ingurgitées.

Testés et efficaces ?

Parmi les remèdes magiques utilisés au XVIIe siècle, un grand nombre étaient connus depuis plusieurs centaines d'années. Ils avaient été consignés par des savants de l'Antiquité grecque et latine. Si le philosophe romain Pline l'Ancien, qui vécut au premier siècle, disait que les pierres provenant d'un nid d'aigle avaient des vertus curatives, eh bien, on le croyait ! Comment un homme aussi savant se serait-il trompé ? En fait, ces remèdes d'antan n'avaient souvent aucune espèce d'efficacité. Si les patients finissaient par aller mieux, c'était habituellement parce qu'ils avaient guéri par eux-mêmes. Mais les gens se plaisaient à penser qu'ils pouvaient faire quelque chose pour s'aider, et voilà pourquoi ils continuaient de recourir aux médicaments anciens.

Le secret de la licorne

Les Européens avaient déjà vu des cornes de licorne, mais jamais ils n'avaient aperçu l'animal qui était pourvu de ce prodigieux appendice. Importée d'Asie par les voies commerciales, la corne passait dans de nombreuses mains dans son transit vers l'Ouest, devenant plus mystérieuse à chaque étape du périple. Or, quelque part dans les années 1600, son secret fut percé : la corne de licorne était, en réalité, une défense de narval.

Dépouillée de son mystère, la licorne perdit également toute sa magie. La corne n'avait soulagé les maux (si tant est qu'elle l'ait fait) que parce qu'on y avait cru. La foi perdue, adieu la magie ! En fait, la foi était l'élément primordial de toute guérison magique. Le machin-truc qui accomplissait le travail n'était pas vraiment le sachet de mille-pattes, ni les perles broyées, ni même les mots magiques, mais bien la confiance que l'on avait en l'efficacité de la magie.

Un célèbre remède, appelé « Poudre de la comtesse de Kent », fut largement utilisé, tant en France qu'en Angleterre, pour traiter les oreillons, la variole et la peste. La recette exigeait du corail, de l'ambre et des perles en quantités égales. Les ingrédients devaient être mêlés dans un bol robuste avec des quantités précises de griffes de crabe, de serpents séchés, de safran, de vipères en gelée et d'herbes assorties. Le tout devait ensuite être broyé au mortier, moulé en forme de pilules et remisé dans un endroit sec et frais jusqu'au moment de s'en servir.

Mais l'objet qui avait le plus de prix aux yeux de l'apothicaire n'était pas une pierre précieuse. C'était une défense de licorne. Svelte et d'un blanc crémeux, une corne complète s'élevait presque jusqu'au plafond, et chaque milligramme valait son pesant d'or. Le plus petit flocon de corne, trempé dans le vin, était censé pouvoir guérir une fièvre virulente. La moindre pincée de corne broyée, prise en gelée, vous mettait de bonne humeur et renflouait votre énergie. Chose plus remarquable encore, on considérait la corne de licorne comme un antidote à tous les poisons connus, de l'arsenic au venin de serpent.

Isaac Newton était émerveillé par l'art de l'apothicaire. Même une fois devenu adulte et célèbre, il continua à concocter ses remèdes préférés et à se les administrer. (Celui qu'il avait toujours sous la main était une décoction appelée baume de Lucatello,

mélange de cire d'abeille, de vin fort, de bois de santal et de térébenthine – un vrai poison !)

Mais son étude de la guérison magique, aussi fascinante fût-elle, ne réussit pas à l'amener dans le vif du sujet. S'il voulait comprendre le pourquoi et le comment de l'univers occulte, il lui faudrait approfondir encore sa recherche.

Sous le regard racorni d'un crocodile séché, un apothicaire brasse un remède (au fond à droite), tandis que trois autres mesurent et mélangent des ingrédients (au centre). À gauche, un client se présente au comptoir, où on lui remet un médicament. Cette illustration fut publiée pour la première fois en 1722.

La divination

Ce sont les oracles et les visionnaires

Qui font la magie la plus spectaculaire !

Page de gauche : Certains magiciens de village prédisaient l'avenir. La célèbre Mère Shipton, que l'on voit ici à droite, vécut de 1486 à 1561. On lui attribue la prédiction de l'invention de l'automobile (« une voiture sans cheval se déplacera »), et même celle de l'Internet (« en un clin d'œil, de par le monde, la pensée des hommes s'envolera »).

M. Clark n'est sans doute pas le seul magicien que connut Isaac Newton durant ses années d'école. Au XVIIe siècle, un village de bonne grandeur comme Grantham offrait probablement un éventail complet de praticiens de la magie. Mais à la différence de l'apothicaire, dont la boutique avait pignon sur rue et une enseigne au-dessus de la porte, la plupart des autres magiciens étaient moins faciles à identifier. Ce n'étaient que des gens ordinaires, hommes, femmes – et parfois même enfants –, qui avaient acquis une réputation extraordinaire en fabriquant des charmes, en mélangeant des potions, en rompant des maléfices et en fournissant d'autres types de services magiques. Peu d'entre eux avaient fréquenté l'école, mais ils tenaient leur savoir-faire de leurs ancêtres – de leur mère ou de leur grand-père, d'un vieil oncle ou d'une vieille tante au visage flétri. Certains donnaient l'impression de comprendre des mystères qui dépassaient largement l'entendement de l'apothicaire.

Ils pouvaient dire si quelqu'un était ensorcelé, et savaient comment contrer le charme ; ils connaissaient la nature et le traitement de tous les maux. Et leur remarquable don de voyance les amenait aussi à fouiller les mystères du passé et de l'avenir. Ils pouvaient explorer des temps révolus et mettre à jour des secrets jusque-là bien gardés. Ils

À droite, ci-contre : Lorsque leur bébé est tombé malade, ces parents ont demandé l'aide de la magicienne (ou femme mage) du village (à gauche sur l'illustration).

Quelle sera la réponse ? Les gens gardent les yeux fixés sur la magicienne du village, qui sort d'une transe et s'apprête à faire une révélation dramatique. On faisait appel aux magiciens pour résoudre des crimes, retrouver des objets perdus et guérir les malades. L'homme que l'on voit à droite espère sans doute un soulagement de sa rage de dents.

pouvaient vous prédire ce qui arriverait demain ou dans dix ans, ou même, si cela vous intéressait, dans cinq siècles.

L'art de sonder ainsi le monde de l'inconnu s'appelle *divination*, et c'était l'un des services courants que prodiguaient les magiciens de village. Bien que le concept de divination paraisse exotique, l'utilisation qu'on en faisait demeurait étonnamment terre-à-terre. En général, l'affaire commençait par le vol ou la perte d'une chose précieuse – une brebis ou une bourse remplie de pièces, par exemple. Absolument introuvable ! Elle semblait s'être volatilisée ! Alors là, pas de doute : cette affaire relevait du magicien du village.

Une des méthodes de divination les plus simples pour retrouver des objets perdus – et la plus répandue – s'appelait « divination au moyen du crible et des cisailles » (ou coscinomancie). Comme le nom le suggère, cette technique se pratiquait au moyen de deux instruments : un grand tamis plat (crible), et une énorme paire de ciseaux (cisailles). Dans la première étape, on ouvrait les cisailles et on les tenait, pointes vers le haut. Ensuite, deux personnes se plaçaient, l'une à gauche et l'autre à droite, de façon que chacune puisse saisir l'une des deux lames ouvertes. Le crible était alors déposé et tenu en équilibre sur les cisailles. Dès qu'il avait cessé de bouger, la divination pouvait commencer. Pendant que le magicien nommait à haute voix les endroits où l'objet avait bien pu être égaré, tous les yeux demeuraient rivés sur l'appareil chambranlant. Si le crible oscillait ou frémissait à la mention d'un lieu, quelqu'un y courait dans l'espoir de quérir l'objet manquant.

Peut-on lire l'avenir à l'aide d'un jeu de cartes ? Ici, une magicienne de village a brassé et étalé une séquence de cartes qu'elle utilise pour prédire le destin de ses deux jeunes clientes. Bien que la cartomancie soit surtout affaire d'intuition, certaines cartes ont tout de même des significations établies. L'as de cœur, par exemple, annonce amour et bonheur, tandis que l'as de pique prédit conflits et difficultés.

Cette jeune fille a retiré la peau de sa pomme en un seul long tournemain, sans la briser. Selon la tradition, c'est un signe que ses vœux vont se réaliser.

Au XVIIe siècle, cette méthode de divination était prise très au sérieux – à tel point, en fait, que l'on s'y fiait non seulement pour retrouver des objets, mais aussi pour élucider des cas de vol. À partir du même principe, le magicien, au lieu de réciter une litanie de lieux, prononçait le nom des diverses personnes soupçonnées du larcin. Quand le crible tremblotait, on tenait pour acquis que le voleur venait d'être identifié. En fait, les porteurs du crible le faisaient sans doute osciller eux-mêmes, dans leur excitation d'entendre nommer celui ou celle qu'ils soupçonnaient. Le moindre tressaillement d'émotion suffisait à déstabiliser le crible et à désigner un coupable (ou peut-être un innocent). Si le magicien officiant à la divination avait une réputation de succès, le coupable ainsi désigné pouvait être arrêté. Il arrivait que les accusations soient erronées, mais chose surprenante, elles tombaient souvent pile. Si vous connaissiez tout le monde au village, vous saviez qui soupçonner, que votre crible et vos cisailles soient dotés ou non de pouvoirs psychiques.

La même méthode servait aussi à pénétrer d'autres mystères. Quel est le nom de mon futur mari ? La jeune fille rousse m'aime-t-elle ? Madame Tartempion aura-t-elle un bébé ? Mais une méthode de divination alternative existait pour ces questions : celle du livre et de la clef (ou cleidomancie). Cette méthode se pratiquait généralement au moyen d'une Bible ou d'un livre de cantiques, mais n'importe quel bouquin pouvait faire l'affaire, pourvu qu'il soit gros, lourd et réputé pour sa véracité. Le livre ouvert à une page déterminée (bien souvent sur un psaume), on y déposait une clef. Le magicien et l'un(e) de ses assistant(e)s soulevaient alors

Qui est coupable ?

Comme les détectives privés de romans policiers, les magiciens de village étaient souvent invités à analyser des indices et à identifier les criminels. En 1618, par exemple, une devineresse nommée Jane Bulkeley fut engagée pour démasquer un voleur à partir d'une liste de dix suspects. Voici la technique qu'elle employa : elle coupa un fromage en dix pointes, écrivit un charme sur chacune et exigea que chaque suspect en avale une. Et malheur à qui s'étouffa en avalant son morceau ! Une conscience coupable peut rendre la gorge très sèche !

Auto-divination

Une jeune fille qui voulait savoir le nom de son futur mari pouvait entreprendre sa propre enquête. Il lui suffisait de dénicher un puits situé sur une route principale menant à une église où l'on bénissait des mariages. Elle devait plonger sa robe de nuit dans le puits et la suspendre près de l'âtre de sa chambre pour la faire sécher. Cette nuit-là, la silhouette de son véritable amour viendrait vers elle dans un rêve ou une vision.

Ci-dessus : Entouré de ses bouquins à reliure de cuir et de son attirail secret, un magicien fait surgir une vision dans sa boule de cristal. Ici, l'artiste s'est amusé à munir le magicien de trois fioles (à gauche, au bas de l'image) étiquetées respectivement «*Good Luck* (Bonne chance)», «*Elixir of Peace* (Élixir de paix)» et «*Financial Extract* (Extrait de finance)»

À droite : Certains sorciers affirmaient pouvoir décrire le caractère d'une personne à partir de la forme de sa tête. Une personne qui ressemblait à une vache, par exemple, était sans aucun doute stupide et paresseuse.

cet appareil et, le tenant solidement par les coins, le maintenaient aussi stable que possible. Encore une fois, on posait des questions et on proposait des réponses plausibles. Serait-ce Mathieu, Georges ou Harold ? Oui ou non ? Si le livre s'agitait ou subissait une secousse qui faisait bouger la clef, cela signifiait que la vérité venait d'être révélée.

Certains magiciens se spécialisaient dans une technique plus raffinée pour acquérir des connaissances secrètes : on l'appelait cristallomancie, et les gens qui la pratiquaient étaient des cristallomanciens. Un cristallomancien pouvait voir des événements qui se passaient en d'autres temps et en d'autres lieux, en pénétrant du regard une boule de cristal. La lumière virevoltait à travers le globe brumeux comme des volutes de fumée, dans une danse fluide et ondulante d'ombre et de clarté. En plissant les yeux, vous pouviez apercevoir une vache qui manquait à l'appel, un enfant qui n'était pas encore au monde, ou la traîne d'une robe de mariée. Un magicien qui n'avait pas de boule de cristal pouvait

Ci dessus : Lorsque l'on fait du thé avec des feuilles en vrac, celles-ci se déposent au fond de la tasse. Une fois le thé avalé, les motifs qu'elles produisent peuvent être interprétés. Cette méthode de divination s'appelle tasséomancie. Ici, une devineresse examine le fond d'une tasse pour y lire l'avenir de sa cliente.

Des grenouilles clairvoyantes

La magicienne de village Joan Mores, qui vécut dans le Kent vers 1525, prédisait l'avenir en écoutant le coassement des grenouilles. Dans les années 1700, certains magiciens basaient leurs prédictions sur le marc de café : après en avoir « lancé » une certaine quantité, ils tentaient de tirer un sens quelconque des motifs produits par les éclaboussures brunâtres. L'interprétation des feuilles de thé, ne devint populaire qu'ultérieurement.

De nombreux magiciens croyaient pouvoir déduire le caractère de leurs clients, ou prédire leur avenir, en étudiant simplement leur apparence. Dans les années 1800, l'idée était d'ores et déjà devenue la base d'une science complexe appelée « phrénologie ». Les phrénologues s'imaginaient qu'ils pouvaient tout savoir d'une personne en mesurant les os et les bosses de son crâne.

recherrcher ces mêmes visions dans un vieux miroir dépoli. D'ailleurs, à peu près n'importe quelle surface réfléchissante faisait l'affaire. Certains cristallomanciens affirmaient voir le visage des voleurs nager dans des cuvettes d'eau ou dans le liquide croupi des abreuvoirs à chevaux. D'autres arrivaient à percer les mystères du passé et du futur en fixant un ongle de pouce. Une fois enduit d'huile végétale, l'ongle prenait un reflet lustré et devenait un écran miniature sur lequel surgissaient de mini-apparitions.

La magie était à l'œuvre dans les choses les plus simples, les plus ordinaires, en particulier dans le corps humain. Ainsi, l'avenir était écrit dans les lignes des paumes et dans les rides du front. Les magiciens savaient interpréter ces messages codés. Une longue ligne incurvée encadrant le pouce annonçait que vous alliez vivre jusqu'à un âge très avancé. Une ligne courte signifiait que le destin vous ferait mourir jeune. Un pli ou une cicatrice en diagonale au-dessus de l'œil gauche prédisait une mort violente, mais un trait au-dessus de l'œil droit vous représentait comme une personne avide d'aventures. Des dents proéminentes signifiaient que vous étiez enclin à piquer des colères, et de grosses lèvres faisaient de vous un menteur. On voyait même des signes d'avenir dans la position d'un grain de beauté : près du sourcil, il promettait un mariage heureux ; sur le menton, il signalait la richesse. Mais, malheur à qui le portait au cou : il serait décapité !

Parce qu'ils avaient besoin d'aide, les gens acceptaient de dépenser des sommes considérables – une consultation coûtait souvent une journée complète de salaire – afin que des magiciens lisent leurs grains de

En haut à droite : Cette charte a été élaborée pour dire la bonne aventure en interprétant les grains de beauté du visage.

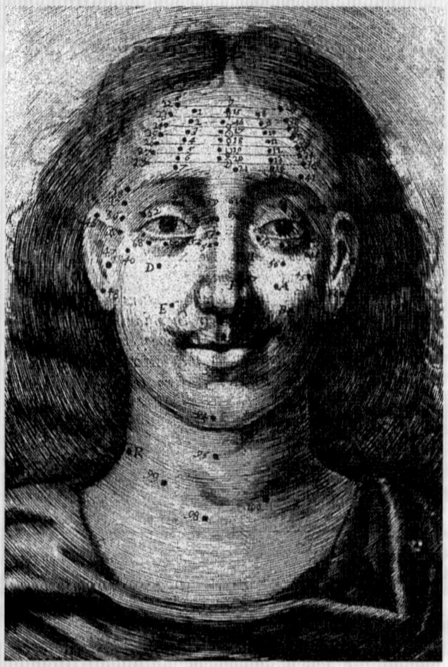

Pour mieux se préparer aux choses à venir !

Au XVIIe siècle, de nombreuses méthodes de divination étaient à l'honneur.

L'aéromancie : interprétation des nuages et des arcs-en-ciel
La capnomancie : interprétation des formes qui apparaissent dans les brumes et les fumées
L'omphalomancie : prédictions de la longévité d'une personne par le décompte des bosses de son cordon ombilical
L'onomancie : prédictions à partir du nom d'une personne
L'ornithomancie : prédictions basées sur le comportement des oiseaux
La physiognomie : prédictions de la destinée selon la forme de la tête
La pyromancie : interprétation des comètes, des aurores boréales et d'autres phénomènes célestes lumineux
La séismomancie : interprétation des tremblements de terre
La zoomancie : prédictions de l'avenir basées sur le comportement des animaux

Son petit chien sur les talons et un sac à la main, une dame élégante s'avance timidement vers une chiromancienne pour se faire lire les lignes de la main. Illustration réalisée en 1750.

beauté, scrutent leurs pouces et interrogent les cribles clairvoyants. Dans les années 1600, il n'y avait ni services de police, ni banques alimentaires, ni prestations de sécurité sociale, et on ne signait pas non plus de contrats d'assurance. Si on tombait malade, on guérissait ou on mourait. Si on se faisait voler sa vache, on disait adieu au lait et au beurre. La vie oscillait entre misère et bonheur, en équilibre sur un fil. En expliquant le pourquoi des événements, les devins donnaient aux gens l'impression que la vie pouvait être prédite – illusion magique pour laquelle ils étaient heureux de payer.

Mais pour un garçon comme Isaac Newton, les réponses des devins servaient seulement à soulever d'autres questions troublantes. Y avait-il une réalité sous-jacente que seuls les sorciers pouvaient pressentir ? Pouvait-il espérer avoir un jour un aperçu de ce monde occulte ?

Victime d'un sortilège, cet homme est venu consulter la magicienne du village. En fixant l'eau de son seau, celle-ci a aperçu le visage du sorcier responsable des problèmes de son client. Et voilà qu'elle se prépare solennellement à défaire le maléfice en enfonçant un couteau dans l'eau.

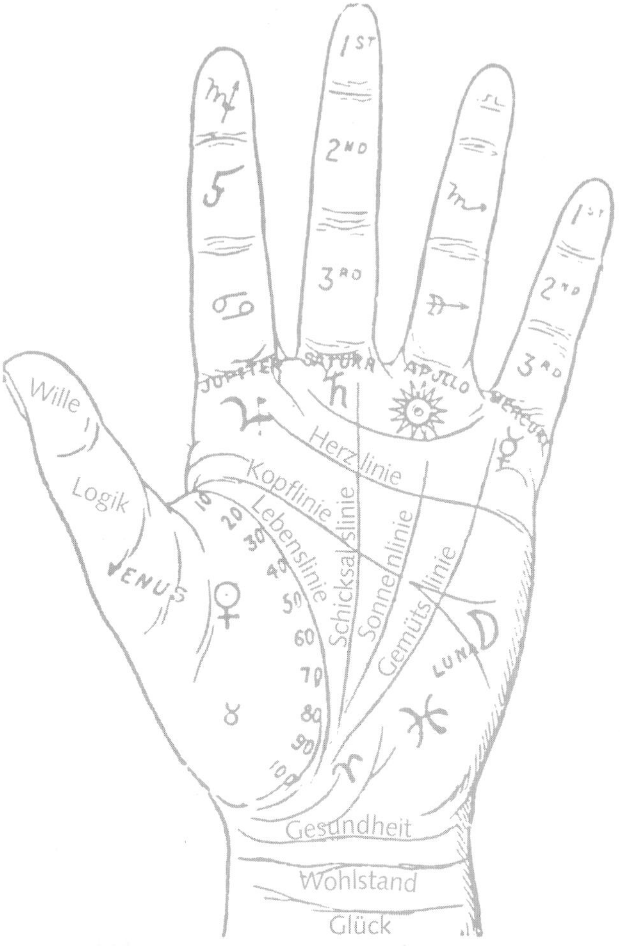

À gauche : Les chiromanciens prédisent l'avenir en étudiant les lignes de la main. La ligne de cœur se rapporte aux relations avec les autres, la ligne de tête reflète l'intelligence et la ligne de vie représente la santé. Par exemple, si quelqu'un a une ligne de tête profonde et droite, le chiromancien y verra un signe d'intelligence et de gros bon sens.

La lecture des étoiles

Tu t'es trompé ? Quelque chose achoppe ?

C'est la faute de ton horoscope !

Parmi toutes les branches de la magie, il y en avait une qui se démarquait des autres. Inégalée en audace, en envergure ou dans les sommets qu'elle briguait, l'astrologie, en effet, ne visait rien de moins que de pénétrer les mystères les plus profonds, les arcanes les plus insondables de la Terre et du ciel. C'est par pur hasard qu'Isaac Newton la découvrit, en se procurant un livre d'astrologie dans un marché aux puces. Cette brochure défraîchie pourrait-elle le guider sur la voie qui ferait de lui un puissant sorcier ?

Même si nous ne connaissons ni le titre ni l'auteur de cet ouvrage, il pourrait fort bien avoir été écrit par le mage anglais le plus célèbre du XVIIe siècle, un astrologue appelé William Lilly. Tout comme Isaac, William avait connu sa large part de frustrations et de difficultés. Né en 1602, il avait été l'enfant unique et choyé d'une famille bien nantie. Mais à dix-huit ans, il se retrouvait orphelin de mère, alors que son père, criblé de dettes, gisait en prison. Donc, comme un personnage de contes de fées, Lilly se procura un habit neuf, emprunta un peu d'argent à ses amis et partit à Londres pour y chercher fortune. Or, au moment même où il arrivait dans la grande ville se déclara une épidémie de peste. «Ô l'affligeante calamité de cette année-là ! rapporta-t-il plus tard. Les moribonds gisaient en plein champ et en pleine rue. »

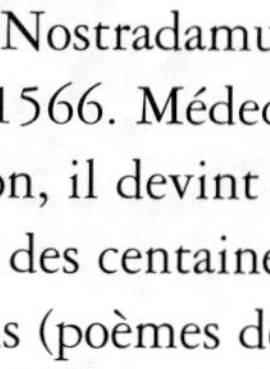

Page de gauche : Michel de Nostradame, plus connu sous le nom de Nostradamus, vécut de 1503 à 1566. Médecin de formation, il devint célèbre en écrivant des centaines de quatrains (poèmes de quatre vers) qui prédisaient des désastres. On le voit ici, en compagnie de deux autres astrologues, en train de scruter les étoiles et les planètes.

On aperçoit ici William Lilly, qui vécut de 1602 à 1681, avec son globe céleste, son livre de symboles astrologiques et un horoscope (sous sa main gauche). Au XVIIe siècle, les astrologues utilisaient des formulaires comme celui-ci, déjà marqués de triangles et de carrés, pour élaborer leurs prédictions.

Cependant, les Londoniens ne subissaient pas tous ce terrible sort. Certains malades guérissaient ; d'autres, comme Lilly lui-même, n'étaient pas touchés du tout. Pourquoi la vie était-elle si différente d'un être humain à un autre ?

Lilly chercha des réponses à cette question dans les arts occultes. L'idée que notre vie était façonnée par l'influence des cieux le séduisait particulièrement. Nous savons tous qu'une lumière visible émane des corps célestes. Mais si ceux-ci produisaient également des rayons invisibles et les dardaient sur nous à travers l'espace ? Et si ces rayons invisibles contrôlaient le destin individuel de chaque être humain ? Voilà les idées centrales de l'astrologie, la science la plus puissante de toute la magie, et celle qui avait la portée la plus considérable.

En 1632, voulant en savoir davantage, William Lilly s'inscrivit à des cours privés auprès d'un dénommé Evans, sorcier qui logeait dans une rue appelée Gun-Powder Alley, à Londres. Trapu, avec des allures de lutin et une tignasse de boucles noires, Evans avait naguère été un pasteur respectable, mais on l'avait expulsé de l'Église à la suite d'une conduite déshonorante. À l'époque où Lilly fit sa rencontre, il gagnait sa vie en vendant des coupes magiques censées guérir grippes, fièvres, folies, maux d'estomac et vers intestinaux. Mais Evans était également un astrologue d'expérience et, pour un cachet donné, il accepta volontiers de partager ses connaissances avec Lilly.

Trois astrologues scrutent du regard un Univers regorgeant d'énergie.

Il commença par l'essentiel. Le cosmos, enseigna-t-il à son élève, consiste en neuf sphères de cristal emboîtées les unes dans les autres. La sphère centrale contient la Terre, qui demeure parfaitement immobile en plein cœur de l'Univers. Au-delà de la Terre, se trouvent sept autres globes de cristal, chacun étant plus grand que le précédent. Ces globes contiennent les sept « étoiles vagabondes », c'est-à-dire les planètes. (Comme on ne connaissait pas l'existence d'Uranus, de Neptune et de Pluton à l'époque, ces planètes étaient la Lune, Mercure, Vénus, le Soleil, Mars, Jupiter et Saturne.)

Au centre de l'univers des astrologues se trouve la Terre. Autour de celle-ci, dans sept sphères de cristal emboîtées les unes dans les autres, gravitent les « étoiles vagabondes », c'est-à-dire les planètes : la Lune, Mercure, Vénus, le Soleil, Mars, Jupiter et Saturne. Les limites extrêmes du cosmos sont occupées par les étoiles fixes, qui dessinent les constellations, ou signes astraux, du zodiaque. Ce calendrier astrologique a été réalisé aux environs de 1550.

Finalement, dans la sphère la plus éloignée, on aperçoit le foisonnement rutilant des étoiles stationnaires, ou « fixes », parsemées comme des diamants à travers les limites extérieures des cieux.

Cette neuvième roue d'étoiles à l'extrémité du cosmos est connue sous le nom de « zodiaque ». Selon Evans (et selon les astrologues avant lui et après lui), cette vaste sphère étoilée se sépare en douze parties égales, disposées comme les morceaux d'une tarte. Chaque morceau est la maison d'une constellation particulière, ou « signe astral », une image que l'on trace en reliant entre elles certaines étoiles (comme des dessins produits en joignant des points). Levez les yeux et vous les verrez défiler dans la circonférence du ciel nocturne : le Taureau, le Bélier, le Scorpion et tous les autres, chacun occupant son créneau bien à lui du firmament.

Selon les astrologues, les planètes et les étoiles affectent nos vies en nous bombardant de leurs rayons invisibles. Chacune d'entre elles nous influence à sa manière. Si nous sommes frappés par des rayons de la planète Mercure, par exemple, nous déborderons d'énergie. Mais si Saturne darde sur nous ses rayons frisquets, attendons-nous à avoir le cafard. Que nous soyons heureux ou triste, riche ou pauvre, malade ou en santé, notre état dépend de la planète qui nous tient sous son charme. Les signes astraux, pour leur part, agissent comme des filtres qui modifient la couleur (ou l'humeur) de l'influence des planètes. Le Soleil produira des effets bien différents selon qu'il se trouve dans le fougueux signe du Lion ou qu'il déambule dans le domaine tristounet du crabe dénommé Cancer. Comme

En haut à droite : Cette jolie représentation de l'Univers montre la Terre au centre, avec les signes du zodiaque tout autour.

Astrologie et astronomie

L'astrologie s'intéresse aux pouvoirs cachés des planètes et des étoiles, d'où sa classification parmi les arts magiques, ou occultes. L'astronomie, au contraire, se concentre sur les caractéristiques physiques des corps célestes – leur grosseur, leur vitesse, et ainsi de suite. Jusqu'au XVIIIe siècle, les études astronomiques visaient surtout à cueillir de l'information pouvant servir à tirer les horoscopes.

Une idée révolutionnaire

En 1543, Nicolas Copernic défendit l'idée que le Soleil, et non la Terre, occupait le centre de l'Univers. La Terre n'est qu'une planète, disait-il, et elle tourbillonne autour du Soleil. Au siècle suivant, la plupart des gens qualifiaient toujours de ridicule cette idée « révolutionnaire ».

Cette carte astrale, réalisée en 1660, montre quelques-uns des dessins produits par les étoiles (ou constellations) que l'on aperçoit dans l'hémisphère sud, incluant (dans le coin inférieur gauche) le Lion, le Cancer et les Gémeaux.

les planètes se déplacent selon une orbite variable – tantôt proches, tantôt loin, tantôt au-dessus, tantôt au-dessous de nous –, leurs rayons nous atteignent par bourrasques. Nous, humains, sommes donc ballottés en tous sens au gré des rafales capricieuses de ces vents cosmiques. Faut-il nous surprendre, alors, que notre voyage à travers la vie soit aussi imprévisible ?

Le rôle de l'astrologue est d'étudier ces énergies sans foi ni loi, en tirant des horoscopes. Un horoscope est un diagramme qui montre la position des planètes et des signes astraux, tels qu'ils nous apparaissent depuis un endroit précis à un moment précis. L'horoscope de votre naissance, par exemple, montrerait toutes les forces célestes dont les rayons vous dardaient lorsque vous avez poussé votre premier cri. Si vos parents

Vieilles nouvelles

L'idée que les astres et les planètes contrôlent notre vie ne date pas d'hier. Les magiciens de l'ancienne Babylone établirent les premiers horoscopes il y a près de 2500 ans. Les Babyloniens inventèrent aussi les douze signes du zodiaque qu'utilisait William Lilly, et qui se retrouvent encore aujourd'hui dans les rubriques « Horoscope » des journaux.

Les maths et les forces du Mal

Les astrologues n'étaient pas seulement des observateurs d'étoiles : ils étaient aussi des mathématiciens. Pour tirer les horoscopes, ils devaient en effet mesurer les angles entre les planètes et procéder à divers calculs complexes. Parce que les maths étaient utilisées par les magiciens, bien des gens s'inquiétaient à l'idée qu'elles puissent faire partie des forces du Mal. C'est en partie pour cette raison que, jusqu'au milieu du XVIIe siècle, les maths ne furent enseignées ni à l'école ni à l'université.

Vers les années 1550, une sage-femme et ses assistantes aident une maman à accoucher. À l'arrière-plan, deux astrologues étudient la position des étoiles et des planètes pour tirer l'horoscope du nouveau-né.

avaient engagé un mage pour établir votre thème astral, ils auraient pu demander un aperçu complet de votre vie. De quelle façon gagneriez-vous votre vie ? Combien d'enfants alliez-vous avoir ? L'astrologue aurait alors repéré les planètes, tracé des lignes, mesuré des angles et, à partir de calculs mathématiques, il aurait expliqué à vos parents à quoi ils devaient s'attendre.

Il fallut à William Lilly huit semaines d'étude intensive pour maîtriser l'art d'établir les horoscopes. Dès lors, il était devenu si habile qu'il pouvait reprendre son professeur si celui-ci se trompait. Ainsi, une femme était venu poser à Evans une question et celui-ci, après avoir dessiné son diagramme, lui avait assuré que tout irait bien. La femme le paya et retourna chez elle le cœur léger. Or, au premier coup d'œil, Lilly avait décelé que son maître s'était trompé : l'horoscope n'annonçait, en fait, que des problèmes. Il voulut savoir pourquoi Evans avait induit sa cliente en erreur. « Elle ne m'aurait pas payé si je lui avais dit la vérité », répliqua Evans. Lilly était-il donc si ignorant de la pratique des arts magiques ?

Mais la tricherie était l'un des trucs du métier que Lilly préférait ne pas apprendre. Il mit donc fin à ses leçons auprès d'Evans et poursuivit ses études seul. Il perfectionna ses habiletés d'astrologue en lisant des piles de vieux grimoires miteux, portant des titres comme *Magia Naturalis* (« Magie naturelle ») et *Ars Notoria* (« Arts défendus »). Plus il étudiait, plus Lilly était ébloui par l'envergure du sujet. Les rayons invisibles venus des cieux faisaient bien davantage que moduler les hauts et les bas de notre vie individuelle. Ils laissaient leur empreinte partout, sur tout ce qu'ils touchaient. Ils s'écrivaient dans les lignes du front ; ils déterminaient la position de nos grains de beauté. Ils infiltraient les herbes et les pierres précieuses de leurs pouvoirs thérapeutiques. L'univers magique tout entier vibrait littéralement aux influences célestes. La vérité se trouvait là-haut, dans les étoiles et les planètes.

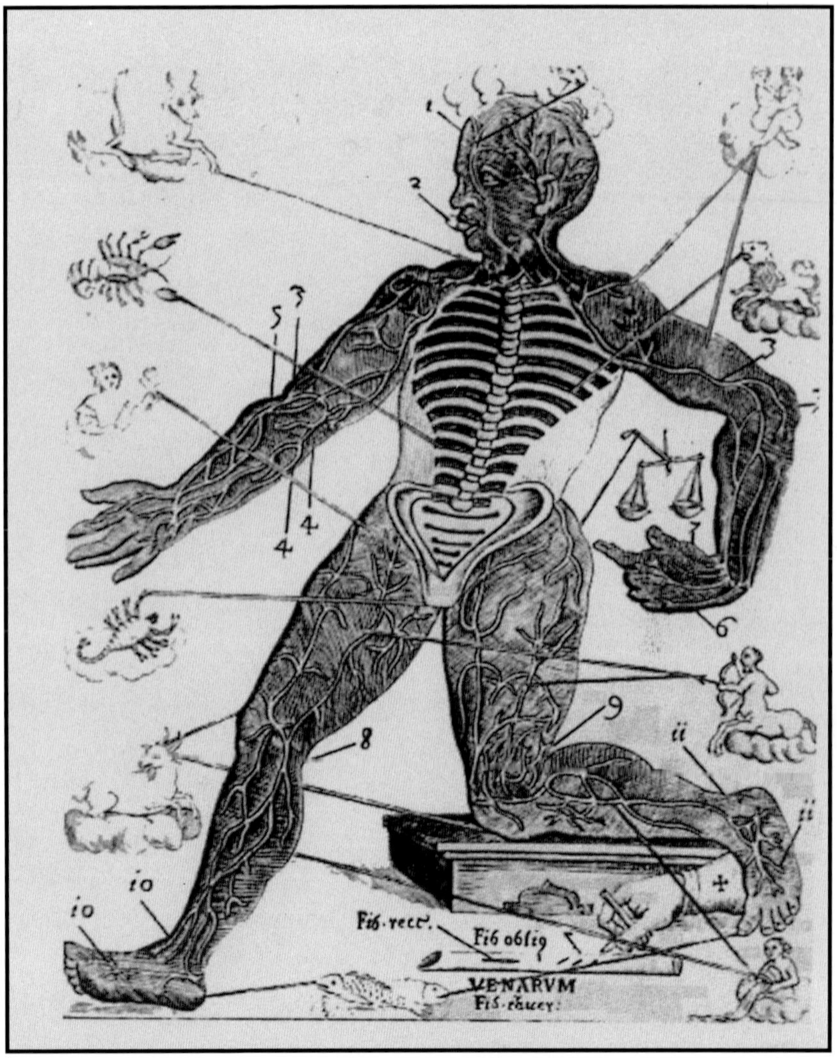

Cet écorché (statue d'un homme sans peau) montre les principales veines et artères, ainsi que les signes du zodiaque liés aux diverses parties du corps. L'influence de l'archer baptisé Sagittaire, par exemple, se ressent dans les cuisses, tandis que la Balance influence les hanches. Les astrologues – et même les médecins – utilisaient des diagrammes de ce genre pour poser leurs diagnostics et traiter les maladies.

La pierre philosophale

Que de soupirs et de grognements mélancoliques

Causa la longue quête pour la pierre magique !

Pour un aspirant sorcier comme Isaac Newton, l'astrologie – toute merveilleuse fût-elle – ne représentait pas l'aboutissement final du savoir magique. Bien au-delà, aux confins des frontières extérieures, s'étendait le mystérieux royaume des alchimistes. Tout comme les astrologues, les alchimistes étaient des sorciers qui se servaient des mathématiques pour étudier les forces magnétiques à l'œuvre dans le monde naturel. Or les alchimistes ne se satisfaisaient pas de simplement comprendre le fonctionnement de la magie naturelle. Ils visaient à acquérir le contrôle sur les pouvoirs occultes qui gouvernent la vie des humains. Jamais un Dieu aimant n'aurait voulu voir souffrir le monde, pensaient les alchimistes. S'ils arrivaient seulement à peaufiner le système magique, ils deviendraient capables d'éliminer la pauvreté et de guérir toutes les maladies. Et même, qui sait, de vaincre la mort.

La clef du projet des alchimistes était la pierre philosophale. On décrivait habituellement cette « pierre » comme une poudre (parfois jaune, mais souvent rouge) qui guérissait toutes les maladies, favorisait la santé et la longévité. Et ce n'était là que le commencement de ses pouvoirs stupéfiants. Cette même substance miraculeuse pouvait métamorphoser le plomb et d'autres métaux vils en l'or le plus pur. Quiconque connaissait le secret pouvait tout simplement fabriquer son or, et ce indéfiniment.

Page de gauche : Les alchimistes occupaient l'avant-garde de la sorcellerie. Celui que nous montre cette illustration de 1589 brandit un contenant de verre et une bannière de paroles magiques, dans un cadre rempli de merveilles de la nature.

Ci-dessus : Tout comme les astrologues, les alchimistes croyaient que les rayons provenant des étoiles et des planètes jouaient un rôle important dans leur travail. Celui que l'on voit ici procède à des expériences sous le signe astral du Bélier. Le dispositif, à gauche, contient le « fourneau cosmique » (nom donné au foyer de l'alchimiste), ainsi que des récipients et des tubes de verre.

À gauche : Deux alchimistes surveillent attentivement les liquides et les gaz qui chauffent dans leur appareil alambiqué, tout en verre.

Il y avait cependant un hic : la pierre philosophale se cachait quelque part dans la nature et personne ne savait où la chercher. Certains alchimistes croyaient qu'on pouvait l'extraire à partir de mixtures de minéraux (le soufre et le mercure, par exemple). Mais d'autres pensaient la trouver dans quelque chose de si ordinaire que personne ne songerait à se donner la peine de l'y chercher : dans une coquille d'œuf, une feuille de menthe ou dans l'urine par exemple. C'est ainsi que les alchimistes se mirent à expérimenter sur les éléments les plus inimaginables, chacun espérant être le premier à reconquérir l'inestimable poussière rouge.

Le laboratoire d'un alchimiste était une véritable fantasmagorie, tant pour l'œil que pour l'oreille. Le cœur de l'opération alchimique consistait en un gros four en brique appelé « fourneau cosmique ». Cet appareil produisait la chaleur nécessaire aux expériences. Assis dans la lueur rougeoyante de l'âtre, l'alchimiste en sueur (ou son assistant, s'il en avait les moyens) jouait énergiquement du soufflet pour alimenter le fourneau en air et maintenir le feu à la bonne température. S'il se produisait un refroidissement intempestif ou une flambée trop forte, l'expérience était perdue. Sur l'âtre du fourneau trônait un récipient en céramique et en verre soufflé de forme invraisemblable, au corps sphérique muni d'un bras élancé terminé en fuseau. Ce tube latéral (ou ces tubes – il y en avait parfois plus d'un) était soufflé près de son extrémité pour former un deuxième globe. Les murs de la pièce étaient

Les origines de l'alchimie

Tout comme l'astrologie, l'alchimie est un art qui remonte très loin dans le temps. Bien que l'on ne connaisse pas avec certitude l'identité des premiers alchimistes, on croit qu'il s'agissait probablement de prêtres et d'érudits de la Chine et de l'Inde antiques. Au cours des siècles, l'alchimie fut également pratiquée en Égypte (entre -300 environ et 600), et en Perse (entre 600 et 1300). La connaissance alchimique gagna l'Europe en provenance de Perse vers l'an 1200. À l'époque, un certain nombre de textes alchimiques anciens furent traduits de l'arabe au latin, langue utilisée par les érudits européens. Au fur et à mesure que les gens entendaient parler d'alchimie, un vent d'excitation balayait l'Europe. La recherche de la pierre philosophale atteignit son apogée dans les années 1500 et 1600.

La devise des alchimistes

Ora, Lege, Lege, Lege
Relege, Labora, et Invenies.
(Prie, lis, lis, lis,
Relis, travaille et tu trouveras.)

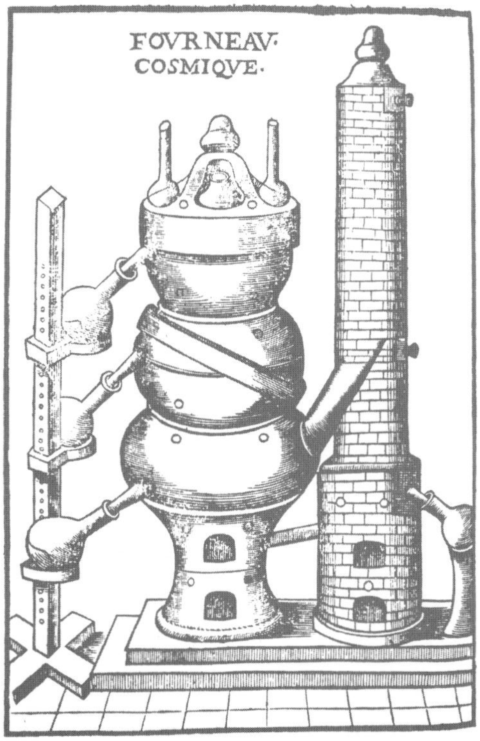

Ci-dessus : Sous les yeux émerveillés d'un jeune garçon, un alchimiste procède à une expérience interminable. À l'aide d'un soufflet, il attise le feu qui brûle dans son fourneau, dans l'espoir d'atteindre la chaleur idéale. À l'arrière-plan, une autre expérience est déjà en cours, tandis que deux assistants préparent les ingrédients devant servir à une troisième tentative. Ce panorama d'un laboratoire d'alchimie fut publié pour la première fois en 1650.

À gauche : Illustration d'un fourneau cosmique.

tapissés de contenants de verre de forme biscornue et insolite, tous plus bizarres les uns que les autres.

C'est à l'aide de ces récipients ahurissants que l'alchimiste tentait d'élaborer la pierre philosophale, par un procédé en deux phases : chauffage et distillation. En premier lieu, il mélangeait un échantillon de la matière à tester avec d'autres ingrédients et il déposait le tout dans un bol résistant appelé creuset. Commençait alors le chauffage : si l'expérience requérait une température élevée, le creuset était placé sur le fourneau. Si une température plus basse était souhaitée, il était plongé dans un bain d'eau tiède ou dans du crottin de cheval en décomposition (en quel cas, la chaleur provenant de la décomposition gardait la mixture au tiède). Cette première phase complétée, on passait à la distillation : la matière, agglomérée par la cuisson dans le creuset, était lavée à l'acide, puis versée dans un récipient en verre, qui était ensuite scellé et remis sur le feu. La température devait demeurer constante pendant la durée prescrite, souvent établie à un « mois de philosophe », c'est-à-dire quarante jours. Une fraction de la masse originale finissait par se transformer en un gaz qui s'élevait à l'intérieur du récipient et dans les bras tubulaires. En refroidissant, les vapeurs se condensaient en gouttelettes qui s'accumulaient aux extrémités des tubes. Ce distillat pouvait alors être recueilli, séché et pulvérisé. Avait-on enfin élaboré la pierre philosophale ?

Parfois, c'étaient ses propres connaissances qui guidaient l'alchimiste dans ses expérimentations, mais il lui arrivait souvent de suivre un mode d'emploi qu'il trouvait dans des livres. Ses rayons débordaient de textes alchimiques (dont certains avaient plus de deux

Le langage cryptique

Les alchimistes étaient des êtres prétentieux qui se croyaient plus nobles et plus intelligents que le commun des mortels. Pour s'assurer que le monde ordinaire ne comprendrait pas leurs livres, ils désignaient les éléments de leurs expériences par des expressions sibyllines. Voici, par exemple, comment un alchimiste du XVIIe siècle appelé Basile Valentin décrit une méthode pour purifier l'or (le Roi) en le chauffant avec du sulfite d'antimoine (le Loup). Le but étant de produire de l'or pur (notre Corps) pouvant servir à des expériences futures. « Prendre un féroce Loup gris et lui lancer le corps du Roi et, lorsqu'il l'aura dévoré, le brûler complètement pour le réduire en cendres dans un grand feu. Ce procédé libérera le Roi et, lorsqu'on l'aura exécuté trois frois, le Lion aura triomphé du Loup, qui ne trouvera en lui plus rien à dévorer. Ainsi notre Corps a été rendu apte à la première étape de notre œuvre. »

Les alchimistes utilisaient toutes sortes de récipients en verre, dont ces fioles, appelées l'autruche, le pélican et l'ours.

mille ans), et il n'y en avait pas deux qui proposaient tout à fait la même méthodologie. Et pourtant, chaque auteur garantissait le succès, pour autant que les instructions soient suivies à la lettre : combinez ceci et cela, brassez, chauffez, distillez, extrayez, prenez une pincée de la poudre qui en résulte, jetez-la dans un chaudron rempli de plomb et – abricadabra ! – à vous les richesses ineffables !

Que de fois, cependant, la poudre demeurait sans effet ! Et que de bonnes raisons on trouvait pour expliquer l'échec ! L'assistant avait laissé le feu s'éteindre avant quarante jours, à moins que l'un des récipients de verre n'ait éclaté pendant la distillation. Et même si l'alchimiste avait bel et bien réalisé toutes les étapes, l'insuccès pouvait dépendre de sa propre faiblesse spirituelle. Car en même temps qu'il purifiait les fluides dans son laboratoire, il était censé épurer son âme par le jeûne et la prière. Dieu n'allait tout de même pas révéler ses secrets les plus profonds à un vulgaire pécheur !

Et donc, pour une raison ou pour une autre, la pierre philosophale était toujours demeurée hors d'atteinte.

Les vêtements en lambeaux et le visage tendu, un alchimiste et son assistant poursuivent leurs recherches au milieu d'un bric-à-brac d'ustensiles et de fioles brisées.

Cependant, les alchimistes gardaient confiance en leur succès éventuel. Leur espoir était soutenu par les récits de ceux qui avaient réalisé l'expérience ultime (bien souvent à l'autre bout du monde ou longtemps auparavant). Prenez Nicolas Flamel, par exemple, un savant qui avait vécu à Paris vers l'an 1400. Il avait, paraît-il, trouvé le secret de la pierre philosophale dans un mystérieux grimoire et, avec l'aide de sa femme Pernelle, avait littéralement amassé une fortune en or pur. Les nouveaux riches avaient consacré leur fortune à la construction de trois églises et de quatorze hôpitaux à travers la France. N'est-il pas insolite, cependant, que leur réussite ait été reléguée aux oubliettes pendant deux cents ans, et que toute leur connaissance alchimique semble avoir disparu avec eux ? D'ailleurs, nous n'en aurions peut-être jamais rien su si, au début des années 1600, un opuscule n'était tout à coup tombé du ciel. On présentait ce petit livre comme l'autobiographie de Nicolas Flamel, et qui pouvait mettre en doute une histoire écrite de sa propre main ?

Plusieurs autres témoignages oculaires appuyaient l'existence de la pierre philosophale. Le Dr Arthur Dee, qui vécut de 1579 à 1651, était un médecin respecté qui avait servi tant auprès du tzar de Russie que du roi d'Angleterre. Alchimiste par surcroît, et également fils du mage John Dee, il jura sous serment qu'il avait vu, de ses yeux vu, la pierre philosophale, « oculairement,

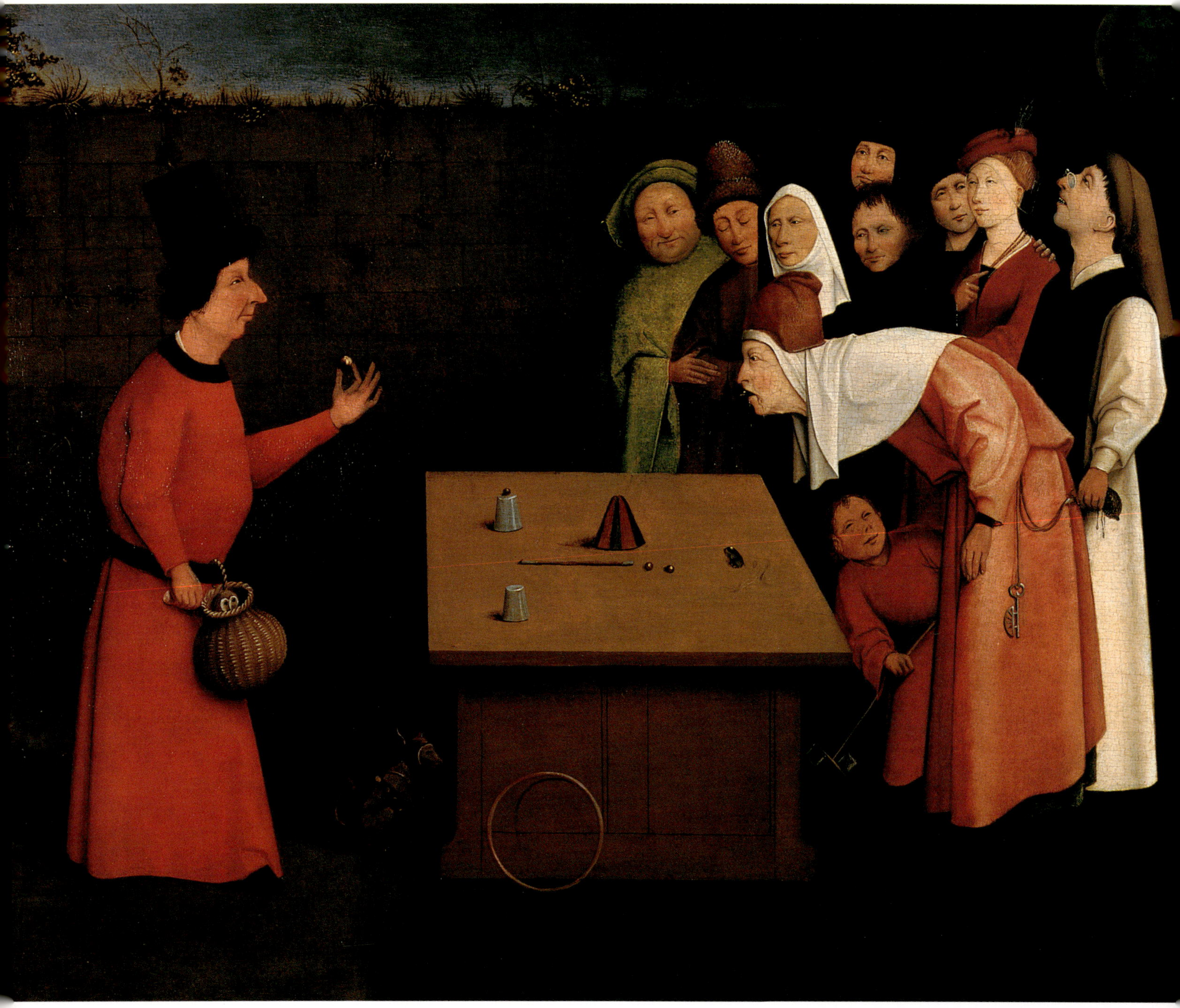

« Comment a-t-il pu faire ça ? » s'écrie l'homme à droite, ébaubi par la dextérité du magicien, si absorbé, en fait, qu'il ne s'aperçoit pas que quelqu'un (le fils du magicien, peut-être ?) est en train de lui faire les poches. Ce tableau, sans doute peint par le grand artiste flamand Jérôme Bosch, a été réalisé autour de l'an 1500.

sans le moindre doute, et fréquemment », dans son enfance. En fait, il se rappelait avoir joué aux fléchettes avec une pièce d'or provenant du fourneau cosmique.

Contemporain d'Arthur Dee, Jean-Baptiste van Helmont fut un observateur attentif de la nature et le concepteur d'un gaz. C'était aussi un alchimiste. Dans son autobiographie, parue en 1662, il parle d'un Irlandais dénommé Butler qui possédait « une petite pierre » pouvant servir à traiter les maladies. « J'ai vu une pauvre vieille dame, blanchisseuse de son métier, qui souffrait d'une migraine insupportable depuis l'âge de 16 ans environ, et qui vient d'être guérie en ma présence », écrivait van Helmont. Pour accomplir ce petit miracle, Butler avait d'abord trempé sa pierre dans une cuillerée d'huile, puis versé l'huile « traitée » dans un petit pot d'huile d'olive ordinaire. Il avait alors pris une goutte de cette mixture diluée et l'avait appliquée sur le front de la femme. Elle fut « guérie sur-le-champ, s'émerveillait van Helmont, et elle demeura en bonne santé pendant des années, ce dont je rends témoignage. »

Ailleurs et à une autre époque, la pierre philosophale aurait été qualifiée de fantaisie merveilleuse et on ne l'aurait guère prise au sérieux. Or, dans les années 1600, elle occupait l'avant-garde de la sorcellerie.

Imposture et tape-à-l'œil !

L'alchimie se prêtait bien à la supercherie. Un faux alchimiste s'attifait pour ressembler le plus possible à un vrai de vrai. Il se procurait aussi une pièce d'équipement secret – une baguette creuse avec laquelle il touillait ses mélanges. Il remplissait d'or le creux de sa baguette, qu'il scellait ensuite à la cire noircie. Sous la chaleur du four, la cire fondait et l'or s'en écoulait. C'était de la magie, sans l'ombre d'un doute !

La fabrication d'un mage

L'Histoire, agitant sa baguette de la main,

Fait disparaître hier et arriver demain.

Dans un univers aussi palpitant de mystère, une chose était devenue claire et nette : rien ni personne ne pourrait jamais transformer Isaac Newton en fermier. Son cas était déjà désespéré à seize ans, au sortir de l'école, et ni le temps ni l'expérience ne firent quoi que ce soit pour améliorer ses habiletés agricoles. De guerre lasse, sa famille finit par renoncer et l'envoya au collège.

Retrouvons, en 1669, le garçon sorcier d'antan maintenant devenu un jeune homme de vingt-sept ans. Mathématicien accompli, il venait de décrocher un poste de chercheur affilié à l'Université de Cambridge. Poste qui venait avec une chambre dans une résidence ornée de vignes, une place à la « table haute » dans la salle à manger de la faculté, une allocation annuelle pour acheter ses toges de professeur et des honoraires avantageux. En contrepartie, ses seules obligations consistaient à étudier, à réfléchir et à rêver – à se laisser guider par sa curiosité, où qu'elle le poussât. Si bien que même les gens étroits d'esprit de sa famille finirent par admettre qu'Isaac-le-fermier-raté était devenu quelqu'un de bien.

La première chose que fit Isaac devant sa bonne étoile fut d'égayer sa chambre. Il acheta des accessoires neufs de couleur rouge cramoisi : coussins, chaises, rideaux et couvre-lit. Ensuite, il s'équipa pour devenir alchimiste. Dans son logement fraîchement décoré s'empilèrent bientôt vases à bec,

Cette peinture, tirée d'un livre de contes publié en 1911, montre un alchimiste savourant son grand moment d'émerveillement et de succès : il a fabriqué de l'or !

Page de gauche : Entouré de fioles étincelantes, ce sorcier, tiré d'un livre de contes paru en 1912, rive son œil étrange et vitreux sur les mystères que lui révèle sa boule de cristal.

Dans les fioles de l'alchimiste rutile sa plus récente découverte. Il n'a sans doute pas élaboré la pierre philosophale, mais c'est bien possible qu'il ait fait une contribution valable à l'avancement des connaissances chimiques.

fioles, creusets, tubes et quantité de produits chimiques – mercure, argent et plomb – au milieu d'un fouillis de livres et de papiers. Il trouva même moyen de caser deux fourneaux cosmiques. Comme le garçon qui, naguère, s'accroupissait derrière le comptoir de la boutique de M. Clark pour observer l'action des pouvoirs occultes, voilà qu'il se penchait maintenant sur ses expériences alchimiques pour voir quels secrets il pouvait découvrir.

L'alchimie devint rapidement son obsession. Lorsque ses expériences étaient en cours, il oubliait de manger et prenait à peine le temps de dormir. Toute son attention se focalisait sur les feux qu'il fallait alimenter et sur ce qui se passait à l'intérieur de ses fioles. En sorcier qu'il était, il parlait des produits chimiques qu'il testait dans ses contenants comme s'il s'agissait d'êtres vivants. Si deux substances, comme l'huile et l'eau, refusaient de se combiner, c'est parce qu'elles souffraient d'un « principe secret d'asociabilité » (elles ne s'aimaient pas). Si deux métaux réagissaient entre eux, comme le plomb et l'antimoine, c'était parce que l'un d'eux était un « aimant » qui attirait l'autre (ils étaient bons amis). Dès le départ, Isaac avait cru en des forces invisibles qui opéraient dans le monde naturel. Et là, lorsque ses fioles commençaient à pétiller, à s'évaporer ou à rougeoyer, il voyait ces mêmes pouvoirs magiques à l'œuvre.

Un silence impressionnant envahissait Isaac tandis qu'il considérait les mystères qu'il tenait dans ses mains ; fruits d'une recherche approfondie, ces mystères méritaient d'être gardés secrets. Ainsi, même s'il consignait minutieusement ses expériences – il rédigea en tout quelque 7000 pages de notes –, il ne parlait de ses travaux alchimiques à personne, sauf à ses meilleurs amis. Et pourtant, il poursuivait ses recherches avec ardeur. Finalement, en 1693, après vingt-quatre années d'effort, il inscrivit dans ses documents privés qu'il avait trouvé la pierre philosophale et qu'il était parvenu à fabriquer de l'or. Or, aussitôt après, il sombra dans une dépression nerveuse. Lorsqu'il recouvra la santé, il remballa tout son équipement, enfouit ses papiers dans des boîtes et des malles, et abandonna ses recherches. Nul ne souffla le moindre mot de son travail alchimique de tout le reste de sa longue vie (il mourut en 1727, à l'âge de 84 ans). En fait, ses secrets demeurèrent en lieu sûr

Une réaction (al)chimique

L'alchimie est l'ancêtre de la chimie. En tant que scientifiques, les chimistes mirent au rebut toute la notion magique des « attractions » et des « asociabilités », considérant les atomes et les molécules comme de simples blocs de construction. Avec le temps, ils découvrirent que les atomes eux-mêmes sont constitués de particules plus petites – les neutrons, les protons et les électrons. En jonglant avec ces particules, les chimistes ont aujourd'hui la possibilité de réaliser l'objectif si cher au cœur des alchimistes : ils pourraient transmuter le plomb en or pur (mais à un coût considérable).

La fabrication de la monnaie

À la fin du XVIIe siècle, parvenu à l'âge mûr, Isaac Newton abandonna toutes ses recherches, tant magiques que scientifiques, et fut engagé comme directeur de la Monnaie royale. Un emploi où il put appliquer sa connaissance de la métallurgie, acquise au cours de ses études alchimiques. Bien qu'il n'ait jamais réussi à élaborer l'or alchimique (sauf en rêve, peut-être), il a bel et bien fabriqué de la monnaie en quantité industrielle !

À gauche : Ce portrait montre Isaac Newton à 46 ans, le visage émacié et les yeux cernés par le manque de sommeil et de nourriture – l'image même de l'alchimiste.

Science et magie

Dans l'esprit de bien des gens, la science et la magie s'opposent comme le bien et le mal. À les entendre, l'humanité aurait vécu enfermée dans un nuage d'erreur pendant des millénaires, jusqu'à ce que la science arrive enfin pour nous expliquer le fonctionnement du monde. Selon eux, la science est l'ennemie de la magie. Mais en réalité, la science et la magie sont plutôt comme deux membres d'une même famille. Elles ne sont pas toujours d'accord, mais elles partagent la même origine ancestrale. La plupart de ceux qui ont contribué à la Révolution scientifique étaient non seulement des scientifiques, mais aussi des sorciers. En plus d'Isaac Newton, la liste comprend les astronomes Nicolas Copernic et Johannes Kepler, ainsi que le chimiste Robert Boyle. C'est la magie qui conduisit ces scientifiques à l'étude des mathématiques et à la recherche des vérités occultes. Dans un sens, l'essor de la science fut l'étonnant dernier chapitre dans la quête de compréhension qu'avaient entreprise les sorciers.

jusqu'en 1936, lorsqu'un coffre rempli de ses écrits personnels fut vendu à l'encan. C'est à ce moment qu'ils devinrent enfin accessibles au grand public.

Pour bien des gens, ce fut un choc lorsque la nouvelle se répandit : le grand Sir Isaac Newton avait été un alchimiste, lui qui était d'ores et déjà passé à l'histoire en tant que brillant physicien, l'une des figures de proue de la Révolution scientifique. Non seulement il avait inventé un nouvel outil mathématique puissant, le calcul infinitésimal, mais il avait aussi révolutionné la science de l'optique par ses recherches sur la lumière et les lentilles. Et comme si cela ne suffisait pas, il avait également élaboré les premières formules mathématiques pour calculer l'énergie des objets en mouvement. Selon Newton le magicien, le monde grouillait de vitalité. Selon Newton le scientifique, le monde se présentait plutôt comme une machine. Ses formules décrivaient un univers simple et mécanique dans lequel des objets inanimés échangeaient de l'énergie physique. Bienvenue au monde de la physique moderne !

Isaac Newton ne voyait aucune contradiction entre magie et science. Selon lui, les deux manières de comprendre le monde étaient complémentaires. S'il avait résumé sa pensée en une équation, on aurait pu avoir ceci : magie + science = vérité. Mais beaucoup de gens autour de lui étaient remplis d'admiration pour ses réalisations scientifiques. Ils croyaient qu'il avait appris à lire les pensées de Dieu. Pour ces gens-là, son œuvre marquait le triomphe de la science et la mort de la magie. Les sorciers se réclamaient de nombreuses réalisations fabuleuses, mais qu'avaient-ils fait, au juste ? Avaient-ils capturé une licorne ? Avaient-ils

Dans le nouvel âge de la science, les gens qui croyaient en la magie étaient considérés comme des fous. Cette illustration, qui date des années 1700, montre le diable (à droite) qui glisse un bonnet d'âne sur la tête d'un homme qui a consulté une sorcière.

trouvé la pierre philosophale ? Voilà qu'on commençait soudain à discréditer cette fière tradition magique et à la considérer comme deux mille ans d'erreurs insensées. Les idées des sorciers avaient pu être divertissantes, voire inspirantes, mais à quoi bon tout cela ? Ce qui importait par-dessus tout, pour les sceptiques, c'était la rigueur scientifique.

La grande force de la science d'Isaac Newton, c'est qu'elle fonctionnait. Ses découvertes dans le domaine de la physique allaient bientôt déboucher sur un nouvel âge de merveilles. La machine à vapeur, la locomotive, le moteur à combustion interne, l'avion à réaction, le vaisseau spatial – tous ces miracles de la technologie seraient éventuellement rendus possibles grâce aux mathématiques de Newton. Les magiciens avaient rêvé de voler, mais pour eux c'était toujours demeuré un simple rêve. Or, dans le nouveau monde de la science, les rêves devenaient réalité.

La Révolution scientifique des XVIe et XVIIe siècles marqua un changement radical dans la façon dont l'homme comprenait le monde. La science devint alors *la* référence absolue et on perdit tout respect pour la sorcellerie. Pourtant, encore aujourd'hui, les idées magiques sont partout. Nous les retrouvons dans les histoires, dans l'art et la musique, et dans notre perception d'un monde naturel regorgeant de secrets. Aussi surprenant que cela puisse paraître, il y a même un soupçon de magie dans la science.

À gauche : Un groupe d'enfants ricanent et se moquent d'un vieillard qu'ils soupçonnent d'être un sorcier.

À droite : Le monde des sorciers et de la sorcellerie continue de vivre dans les livres de contes. Représentant un sorcier, cette illustration récente fut peinte par Robin Muller pour son livre intitulé : *The Sorcerer's Apprentice*. Bien que brillant par sa fraîcheur et son originalité, elle s'inspire librement de vieux dessins d'apothicaires, d'astrologues et – tout spécialement d'alchimistes.

Ci-dessous : Le merveilleux Magicien d'Oz est né en 1900, grâce à la plume magique de L. Frank Baum. Ce portrait, fait à partir « des plus récentes photographies prises par le photographe royal d'Oz » (du moins c'est ce qu'on affirme), est l'œuvre de John R. Neill.

Le chef-d'œuvre scientifique d'Isaac Newton est un livre intitulé *Principes mathématiques de la philosophie naturelle*, qu'il publia en 1687. Dans cet ouvrage, il donne aux lois de la physique une extension universelle pour décrire le mouvement des étoiles et des planètes. Au cœur de sa théorie se trouve le concept de la gravité. La force de gravité est importante pour nous, puisque c'est elle qui nous garde sur la Terre, et qui permet de maintenir les planètes dans leur orbite autour du Soleil. Newton utilisa les mathématiques pour nous expliquer le mode de fonctionnement de la gravité, mais il n'était pas certain de sa nature. Se pourrait-il, se demandait le vieux sorcier, qu'il y ait une force occulte, ou cachée, – une attraction inexpliquée entre les planètes ? S'il n'avait pas été formé dans le monde de la magie, il n'aurait sans doute jamais pensé à quelque chose d'aussi étrange qu'une force gravitationnelle.

Les scientifiques d'aujourd'hui ne sont toujours pas en mesure de dire avec exactitude comment fonctionne la gravité. Y aurait-il encore une touche de magie au cœur de notre Univers ?

« Le grand océan de la vérité »

Isaac Newton demeurait modeste quant à ses réalisations. « J'ignore comment le monde me perçoit, écrivait-il un jour, mais j'ai l'impression de n'avoir été que comme un garçon qui joue sur la plage, m'amusant à trouver de temps à autre un caillou plus lisse ou une coquille plus jolie, alors que le grand océan de vérité s'étend à l'infini sous mes yeux, impénétrable. »

À leurs manières, différentes selon les époques, les scientifiques ont poursuivi, et poursuivent encore, la quête des sorciers pour la compréhension du monde et de l'Univers.

Lexique

Alchimie : Art occulte et mystique basé sur l'expérimentation de réactions chimiques dans le but de découvrir la pierre philosophale.

Alchimiste : Personne qui pratique l'alchimie.

Amulette : Charme magique porté comme collier ou bracelet.

Antipathies : Répulsions, aversions.

Apothicaire : Personne qui vend des potions et des charmes, ainsi que les ingrédients pour les fabriquer.

Apparitions : Anges, démons et fantômes que les sorciers faisaient surgir des ténèbres.

Astrologie : Art magique qui mesure l'influence des étoiles et des planètes sur la vie des gens. L'astrologie se fonde sur l'idée que les radiations émanant des cieux affectent ce qui arrive sur la Terre.

Astrologue : Personne qui pratique l'astrologie.

Bouteille de sorcière : Bouteille en céramique qui était enterrée sous les marches de l'entrée ou sous le mur d'une maison, pour protéger les résidents contre les sorcières. Les bouteilles de sorcières servaient aussi à rompre les mauvais sorts.

Calcul infinitésimal : Méthode mathématique pour étudier les graphiques ou les objets qui suivent une trajectoire curviligne.

Charme : Locution ou formule magique.

Charmeur : Guérisseur de village.

Chimie : Science qui étudie les propriétés des corps, leurs transformations et leurs combinaisons.

Constellation : Groupe d'astres que l'on peut relier entre eux pour dessiner des formes (comme dans les dessins produits en joignant des points). *Voir aussi* Signe du zodiaque.

Cristallomancien : Personne qui voit l'avenir dans une boule de cristal ou une autre surface réfléchissante. L'art du cristallomancien est la cristallomancie.

Démon : Esprit maléfique.

Démon familier : Démon qui avait l'aspect d'un animal favori.

Devin : Personne qui pratique la divination.

Distillation : Processus de purification des substances au moyen de l'évaporation et de la condensation.

Distillat : Substance qui demeure après la distillation.

Divination : Art magique de sonder le passé et l'avenir.

Doctrine des signatures : Concept selon lequel l'apparence d'une plante indiquait l'usage auquel elle était destinée.

Esprit : Énergie vivante.

Étoiles fixes : Étoiles qui demeurent immobiles.

Étoiles vagabondes : Planètes.

Forces du Mal : Branche de la magie consacrée aux maléfices, qui se pratique avec l'assistance du diable.

Fourneau cosmique : Sorte de foyer ou de four utilisé par les alchimistes pour leurs expériences.

Grimoire : Livre dans lequel magiciens et sorciers consignaient leurs pensées, leurs observations, leurs formules et leurs rituels magiques.

Herbes : Plantes, spécialement utilisées en médecine ou en cuisine.

Horoscope : Diagramme établi par un astrologue pour mesurer l'influence des étoiles et des planètes sur une personne spécifique à un endroit et à un moment précis.

Mage : Grand sorcier qui a une profonde compréhension des réalités occultes.

Magie : Manière de comprendre l'univers basée sur l'idée que le monde naturel palpite de forces invisibles. La pratique de la magie est l'art de contrôler ces forces. *Voir aussi* Science

Magie naturelle : Art d'accomplir certaines actions en se servant des pouvoirs invisibles cachés dans le monde naturel.

Magie noire : Magie inspirée par les forces du Mal.

Matière : Tout objet qui occupe un espace donné (solide, liquide ou gaz).

Occulte : Synonyme de « caché » qui est généralement employé pour désigner ce qui est magique ou mystérieux.

Oracle : Quelque chose ou quelqu'un qui parle de l'univers occulte, en particulier de l'avenir.

Pacte : Un marché ou un contrat.

Peste : Terrible épidémie qui tua des milliers de gens en Europe dans les années 1600. Aussi appelée peste bubonique et peste noire.

Philosophe : Personne qui réfléchit en profondeur sur le sens de la vie.

Physique : Science qui s'intéresse à l'énergie et à la matière, et à leurs interactions réciproques.

Pierre philosophale : Substance magique qui était censée guérir toutes les maladies et métamorphoser en or les métaux vils. Trouver la pierre philosophale était le but de l'alchimie.

Possédé : Envahi par des démons. Une croyance populaire prétendait que la maladie mentale était provoquée par les démons.

Potion : Mixture d'herbes et d'autres ingrédients à laquelle on attribuait des pouvoirs magiques.

Radiation : Émission de rayons d'énergie à travers l'espace.

Révolution scientifique : Changement radical, qui survint aux XVIe et XVIIe siècles, dans la manière dont les gens expliquaient et comprenaient le monde. Pendant la Révolution scientifique, la magie fut discréditée et la science moderne commença à progresser. Parmi les figures dominantes de ce mouvement, mentionnons Copernic, Galilée, Bacon, Descartes et Newton.

Science : Manière de comprendre le monde selon l'hypothèse que le monde physique est gouverné par des forces physiques. *Voir aussi* Magie.

Signe du zodiaque : L'une des douze constellations (dessins formés par les étoiles) dont se servent les astrologues.

Sorciers : Magiciens de grande compétence, dont certains utilisent leurs pouvoirs à des fins généreuses alors que d'autres les vouent aux forces du Mal.

Sorcière : Personne généralement de sexe féminin qui, après avoir pactisé avec le diable, a reçu le pouvoir de pratiquer la magie noire.

Vertu : Force.

Zodiaque : Diagramme circulaire représentant les cieux et faisant ressortir les douze signes utilisés en astrologie.

Pour en savoir plus

La tradition magique

Sites Internet

- Le site sur l'alchimie http://perso.wanadoo.fr/chrysopee contient de nombreux textes classés par nom d'auteur. Il y a de bonnes descriptions des symboles et des mesures utilisées par l'alchimie. Plusieurs liens intéressants vers d'autres sites dont un excellent : www.levity.com/alchemy/home.html, qui est cependant uniquement en anglais.
- Pour en connaître un peu plus sur les sorciers, le site http://marycat.free.fr vous renseignera sur leur histoire, leurs croyances et leurs rituels.
- John Dee est un grand érudit anglais. Le site http://perso.club-internet.fr/hdelboy/monade_dee.html dresse la biographie de ce sorcier et offre des explications de ses théorèmes.
- Pour avoir un aperçu sur les grimoires les plus célèbres ainsi qu'un bon nombre de références, consultez le site http://membres.lycos.fr/cneo.

Romans

Des centaines, voire des milliers de livres traitent de la tradition de la magie d'une manière ou d'une autre. En voici quelques-uns :

- *Harry Potter à l'école des sorciers* est le premier roman d'une série de sept (dont les quatre premiers ont déjà été publiés), écrits par J. K. Rowling. L'histoire de ce jeune apprenti sorcier est amusante et excitante ! Il est intéressant de voir le mélange d'éléments de fiction et de magie. Une adaptation cinématographique a été produite en 2001, mettant en vedette Daniel Radcliffe.
- *Le Magicien d'Oz*, de L. Frank Baum, a été publié pour la première fois en 1900 et ne cesse d'être réédité depuis. Le personnage principal est fascinant ! Ce magicien accomplit de vrais miracles. Cette histoire comprend quatorze volumes. Un film a été réalisé de 1939, mettant en vedette Judy Garland.
- *Le Seigneur des Anneaux,* célèbre trilogie de J. R. R. Tolkien, est l'un des plus grands succès de l'histoire de la littérature. Ce récit évoque une époque révolue où vivent des créatures étranges, les hobbits. Leur paix sera menacée lorsque Bilbo Baggins (Bilbon Sacquet) dérobe l'anneau de Puissance qui est doté d'un pouvoir immense et maléfique. Celui qui détient cet anneau est le Maître du Monde. Une adaptation cinématographique du premier tome, mettant en vedette Elijah Wood, a été produite en 2001.

- *L'Alchimiste*, de Paulo Coelho (Éditions Anne Carrière, 1994), est un conte philosophique qui nous invite à suivre nos rêves pour y trouver la vérité.
- *Le Matin des magiciens*, de Louis Pauwels et Jacques Bergier (Gallimard, 1960), est le récit d'un premier voyage dans des domaines de la connaissance à peine explorés. Entre la légende et l'essai scientifique, ce livre fait réfléchir sur le rôle de la magie et de l'occultisme.

Livres de référence

- *Le Manuel des sortilèges*, de Nicola de Pulford (Hurtubise HMH, 2001), est un petit guide amusant qui vous propose plus de 40 recettes secrètes pour réussir en amour, au travail et dans les loisirs. Des sorts pour toutes les circonstances : pour conquérir l'être aimé, pour devenir riche, pour être plus chanceux ...
- *Sorcellerie et magie*, de Douglas Hill (Gallimard jeunesse, 1997), est un beau livre illustré pour les enfants de 9 à 12 ans. Il parle des différentes pratiques de la magie, et des sorciers les plus connus.
- *Le Livre de l'apprenti sorcier*, d'Allan et Elizabeth Kronzek (l'Archipel, 2002), est un petit guide qui ouvre les portes du monde magique de Harry Potter. Grâce à lui, créatures étranges, potions et envoûtements n'auront bientôt plus de secrets pour le lecteur. Ce livre présente des références à l'histoire, à la mythologie, aux légendes et à l'astrologie présentées au fil des romans de J. K. Rowling.

Isaac Newton et la Révolution scientifique

Sites Internet

- Pour approfondir vos connaissances sur Newton, consultez le site http://chronomath.irem.univ-mrs.fr/chronomath/Newton.html, qui vous renseigne sur la vie de ce grand physicien, philosophe et mathématicien, ou encore le site http://villemin.gerard.free.fr/esprit/newton.html, qui offre de nombreux liens intéressants.
- Pour en savoir davantage sur les contributions de Newton à la science, consultez le site www.newton.cam.ac.uk/newton.html (uniquement en anglais). Cette adresse offre de nombreux liens vers plusieurs autres sites consacrés à Newton.
- Le site http://www.infoscience.fr/histoire/civilisation/dixseptdixhuit.html donne une chronologie des grands savants du XVIIe siècle (Kepler, Galilée, Pascal...) qui ont contribué à l'avènement de la science moderne.

Livres de référence

- *Newton*, de Richard Westfall (Flammarion, 1994), est une biographie complète de ce personnage qui a révolutionné les sciences.
- *Newton ou le triomphe de l'alchimie*, de Jean-Paul Auffray (Fayard, 2000), nous fait découvrir l'amateur d'alchimie et d'ésotérisme qu'était Newton, et montre qu'il a puisé son œuvre aux sources mêmes de ces sagesses ancestrales.
- *Isaac Newton et la pesanteur*, de Steve Parker (Éditions du Sorbier, 1993), est un beau livre illustré pour les jeunes.
- *Newton et la relativité*, de Jean-Michel Rocard (Presses universitaires de France, coll. « Que sais-je ? », 1986), offre un tour d'horizon rapide et complet de la vie et du savoir d'Isaac Newton.

Notes bibliographiques

Les faits rapportés dans ce livre sur la vie d'Isaac Newton sont tirés de l'ouvrage de Richard Westfall intitulé *Newton* (traduit en 1994), 894 pages couvrant tous les aspects de la carrière personnelle et intellectuelle de Newton. Un autre ouvrage très utile, particulièrement pour ses explications des idées de Newton sur la science, la magie et la théologie, fut *Isaac Newton : The Last Sorcerer* (1997), de Michael White. *The Janus Face of Genius : The Role of Alchemy in Newton's Thought,* de Betty Joe Teeter Dobbs (1991) fut la source principale utilisée pour parler des pratiques alchimiques de Newton.

Tous les incidents de la vie de Newton relatés dans ces pages – sa vie familiale misérable, l'amitié entre lui et M. Clark, son intérêt en très bas âge pour l'art de l'apothicaire, son initiation à l'astrologie et l'intérêt qu'il a voué à l'alchimie – sont historiquement exacts. Suggérer qu'il souhaitait devenir sorcier relève de la spéculation ; mais c'est un fait bien établi qu'il a fini par en être un.

Il existe une multitude d'ouvrages savants portant sur la pratique de la magie en Europe à l'aube de l'ère moderne. L'étude de France Yates intitulée *La Philosophie occulte à l'époque élisabéthaine* (1987) donne un aperçu général de la place qu'occupait la magie chez les penseurs de la Renaissance. D'autres précieuses ressources furent utilisées pendant la préparation de cet ouvrage. Mentionnons, entre autres, *John Dee : The World of an Elizabethan Magus,* par Peter J. French (1972) ; *John Dee's Natural Phisolophy : Between Science and Religion,* de Nicholas H. Clulee (1988) ; et *Occult and Scientific Mentalities in the Renaissance,* sous la direction de Brian Vickers (1984). Lynn Thorndike approfondit le sujet en détail dans les huit tomes de son ouvrage *History of Magic and Experimental Science* (1941). Le rôle de la magie dans la vie de tous les jours est exposé dans l'ouvrage complet et captivant de Keith Thomas, intitulé *Religion and the Decline of Magic* (1972). La sorcellerie (*witchcraft*) et la vogue qu'elle suscita durant la Renaissance font l'objet d'un ouvrage de Candace Savage intitulé : *Sorcières* (2000).

Un livre hautement recommandé, signé Richard Kieckhefer, est consacré aux forces du Mal. Il s'intitule *Forbidden Rites : A Necromancer's Manual of the Fifteenth Century* (1997). Bien qu'il date de 1929, *The Mystery and Art of the Apothecary,* de C.J.S. Thompson, demeure une source d'information de premier plan sur la magie thérapeutique. *The Alchemists : Founders of Modern Chemistry,* de F. Sherwood Taylor (1952), et *De l'alchimie à la chimie,* de John Read (1959) retracent l'histoire de l'alchimie. L'astrologie du dix-septième siècle fait l'objet de *The Last of the Astrologers,* de William Lilly, révisé par Katharine M. Briggs (1974) et *Familiar to All : William Lilly and Astrology in the Seventeenth Century,* de Derek Parker (1975). Tous les arts magiques sont évoqués dans l'ouvrage de Kurt Seligmann intitulé *Histoire des magies* (1964).

Sources des illustrations

À moins d'indication contraire, les symboles décoratifs et les dessins sont une courtoisie de **Dover Pictorial Archive.**

Bibliothèque nationale de France: 20, 44, 51. **Bodleian Library, Université d'Oxford,** 71 (Douce Prints W1.1 objet 114). **British Library,** 2 (BL718g22), 16 haut (STC23267), 28 droite (BL148971), 48 haut (PL 1005564.011), 50 (BL Add Ms 18154 ff2v-3), 52 (PL 1008007.011), 56 (BL14161), 58 haut (PL1004929.011). **Collection Florence,** 7, 13, 16 bas, 19 gauche/droite, 27, 28 gauche, 30 bas, 34, 37, 40, 41 haut et bas, 43, 45, 46, 47 haut et bas, 48 bas, 49, 53, 55 bas, 58 bas, 59, 60 bas, 61, 62, 63, 69, 72-73. **Jean-Loup Charmet,** 24. **Library of Congress,** pages de garde (LC-USZ62-112460). **Mary Evans Picture Library,** 12, 18, 36, 38, 42, 75. **National Library of Medicine,** 6, 17 haut, 25 bas, 26, 29 haut et bas, 30 haut, 32, 33, 54, 55 haut, 60 haut, 68. **Osborne Collection of Early Children's Books, Toronto Public Library,** 14, 67, 74 gauche. **Peabody Essex Museum,** 23 bas. **Robin Muller,** 74 droite. **Rob Sanders,** 66. **Roger-Viollet,** 35, 45. **Saint-Germain-en-Laye, musée municipal,** 64 photo L. Sully-Jaulmes. **TimePix,** 8, 10, 25 haut.

Index